L'ENVERS

ET

L'ENDROIT

Épisode de la fin du règne de Louis XIV

ROMAN HISTORIQUE

PAR

AUGUSTE MAQUET

auteur de

Dettes de Cœur, la Maison du Baigneur, la Belle Gabrielle, le Comte de Lavernie.

I

PARIS

L. DE POTTER, LIBRAIRE-ÉDITEUR

RUE FONTAINE MOLIÈRE, 27

L'ENVERS ET L'ENDROIT

NOUVEAUTÉS EN LECTURE

DANS TOUS LES CABINETS LITTÉRAIRES

(C.)

L'ENVERS

ET

L'ENDROIT

Épisode de la fin du règne de Louis XIV

ROMAN HISTORIQUE

PAR

AUGUSTE MAQUET

auteur de

Dettes de Cœur, la Maison du Baigneur, la Belle Gabrielle, le Comte de Lavernie.

I

PARIS

L. DE POTTER, LIBRAIRE-EDITEUR

RUE FONTAINE MOLIÈRE, 27.

1858

LE MÉDECIN DES VOLEURS

OU

PARIS EN 1780

PAR HENRY DE KOCK.

Montrer Paris tel qu'il était comme mœurs, comme habitudes, comme usages, vers la fin du dix-huitième siècle, tel a été le but de l'auteur de ce livre. S'embarquant à pleines voiles dans le roman d'aventures, Henri de Kock, que nous ne connaissions jusqu'ici que comme un fin observateur d'amours et de ridicules modernes, a bravement couru sur les brisées du maître à tous en ce genre : Alexandre Dumas. Drames étranges ou terribles, scènes émouvantes ou comiques, caractères habilement tracés, types curieux, *le Médecin des Voleurs* contient tout cela, et notez, — un grand éloge à faire encore de cette œuvre, — que Henri de Kock, en s'y livrant, a évité l'écueil contre lequel se sont brisés le plus souvent les écrivains qui ont parlé de cette époque ! — Le règne de Louis XVI. — Pas un mot de politique, pas une phrase ayant trait à la révolution ne viennent déparer de leurs teintes trop sombres, un récit où l'imagination ne perd rien cependant à se mêler à la réalité. *Le Médecin des Voleurs* est appelé à un immense succès. On lira ce livre pour s'amuser... on le lira pour s'instruire.

LA REINE DE PARIS

PAR

M. THÉODORE ANNE.

L'époque de la Fronde, cette lutte entamée par des fous et continuée par des ambitieux, a des incidents qui sont de nature à tenter les romanciers. Pourquoi la Fronde a-t-elle commencé, pourquoi a-t-elle fini ? c'est un point difficile à expliquer. L'histoire ne donne point de cause sérieuse à cette guerre qui dura quatre ans, à ce désordre qui trouva son dénoûment, quand on fut las de combattre, et quand après tant de sang inutilement versé, la France aux abois cria grâce et merci. Le roman a le champ libre, grâce au silence de l'histoire, et M. Théodore Anne en a profité pour donner au moins à cette collision une apparence de motif. Trois lignes de l'ouvrage de M. le comte de Saint-Aulaire sur cette époque, lui ont servi de point de départ, et usant de son privilége de romancier, il a mis dans la tête de la duchesse de Longueville, ce que l'on dit avoir existé un instant dans celle du prince de Condé, son frère. Peut-être trouvera-t-on que la Fronde, ainsi représentée, rappelle des événements plus modernes. C'est que tous les désordres sont frères et marchent vers le même but. C'est la soif des grandeurs d'un côté, c'est la soif de l'or de l'autre, qui guident les ambitieux de haut et de bas étage. Mais à côté du tableau ainsi présenté, se trouve la leçon et le dénoûment qui met chaque chose à sa place, montre que les plus grands agitateurs capitulent facilement quand leurs intérêts sont sauvegardés. A côté des scènes d'ambition se trouvent des scènes d'amour, et l'amour amène une conclusion que l'ambition voulait retarder. C'est que de toutes les passions humaines, l'amour est la plus forte. Princes, ministres, grands seigneurs, magistrats, bourgeois, populaire, toutes les classes défilent devant le lecteur, et de ce contraste perpétuel naît un intérêt qui doit assurer le succès de l'ouvrage.

Imprimerie de P.-A. BOURDIER et Cie, 30, rue Mazarine.

I

Aux environs de Verberie, entre l'Oise et Roberval, il n'y a pas encore bien longtemps qu'on apercevait, sur un côteau rouge, une vieille tour carrée, mal coiffée d'un chaume gris ébouriffé;

sorte de squelette de moulin à vent sans bras, elle servait de grange à une petite ferme voisine, et l'on avait renoncé à en faire un colombier, parce que les corbeaux, inexpugnables dans leurs crevasses, s'obstinaient à manger tous les pigeons, moins peut-être par goût pour cette viande mélancolique que par respect pour la tradition.

Cette ruine s'appelait Montvalat. Nul n'eût su dire pour quelle raison, ni les valets de charrue qui depuis un siècle y mettaient leurs chevaux à l'ombre, ni les chasseurs qui s'y donnaient rendez-vous, ni le vieux mendiant qui savait s'y creuser un gîte sous la saillie cylindrique de l'énorme parpaing de pierre.

L'auteur de ce récit s'est arrêté là bien souvent, pour rafraîchir ses chiens, et il disait *Montvalat* comme tout le monde, sans que ce nom éveillât rien dans son esprit. Tout au plus, rapprochant machinalement ces deux idées, mont et vallée, y trouva-t-il la raison du nom donné jadis à cette tour, à cause de sa situation sur un monticule au-dessus d'une ride de la plaine. Là se bornèrent ses recherches archéologiques, et c'était plus qu'on n'en avait jamais fait pour cette ruine vénérable.

Depuis, un grand niveleur a traversé ce pays. Huit rails de fer écrasent maintenant les sables rouges du côteau. La première locomotive a balayé en passant la tour carrée. A-t-on comblé le vallon? a-t-on rasé la montagne? peu importe. Il ne reste plus rien de Montvalat, pas même le nom, pas même peut être le souvenir.

C'est alors que par un hasard étrange, et comme s'il eût déchiffré tout-à-coup une inscription tumulaire, celui qui écrit ces lignes a trouvé, en cherchant autre chose, le sens du mot enseveli avec la vieille ruine. Ce mot est un nom, et ce nom une histoire.

Les Montvalat, ancienne famille de l'Artois, grands seigneurs au seizième siècle, avaient beaucoup souffert sous Richelieu, qui leur avait éventré plus d'un donjon. Domptés et ralliés, ils étaient venus apporter les débris de leur fortune sur les bords de l'Oise, où le chef de la maison, amoindri et passablement humilié, s'était décidé, en soupirant, à bâtir un petit château entouré d'un millier d'arpents de terre et de bois.

Mazarin, clément, mais homme de mémoire, avait appris à Louis XIV le nom de ce rebelle, avec certaines particularités de sa rébellion. Le jeune prince non plus n'oubliait guère, et son enfance, écoulée parmi les mépris et les luttes, léguait nombre de ressentiments à sa virilité. Longtemps après la résurrection de la toute-puissance royale, il bouda Montvalat, qui fut oublié dans ses terres. Deux générations se rouillèrent ainsi obscures, loin des premiers rayonnements d'un règne qui lustrait à neuf l'or, l'azur et la pourpre de tous les blasons de France.

En ce temps-là un gentilhomme ne pouvait faire ou agrandir sa fortune que par le roi. Or les choses de ce monde, quand elles ne croissent pas, diminuent. Les Montvalat étaient donc bien réduits, lorsqu'en 1680 environ, le dernier des disgraciés du roi, Louis-

Marie, marquis de Montvalat, chef de la famille, mourut sexagénaire, laissant trois fils dont l'aîné n'avait pas vingt-quatre ans.

Ces jeunes gens se partagèrent le patrimoine. Je dis se partagèrent, car ils s'aimaient tendrement, comme c'est l'ordinaire parmi les gens persécutés. Et au lieu de tout prendre en chassant ses deux frères à Malte ou dans l'Église, l'aîné, qui s'appelait Robert, garda chez lui Henri, le second, et Didier le dernier des fils. Tous trois vécurent libres dans le domaine de Montvalat; heureux, s'ils n'eussent pas senti couler dans leurs veines, malgré la jeunesse insouciante, ce sang tumultueux et brûlé d'un père dont la vie avait dévoré tant d'ambitions et de chagrins.

Le château se composait d'un corps de logis modeste, flanqué de deux pavillons ou tours carrées. La ruine dont nous parlions tout-à-l'heure était l'une de ces deux tours. Robert, l'aîné, habitait le centre, Henri l'aile droite, Didier la gauche.

Le vie était bonne, dans ce pays de ressources. L'eau, les bois et la plaine, trois richesses inépuisables, défrayaient à Montvalat les besoins et les plaisirs. Comme, du bois patrimonial, on touchait à la forêt de Hallate, contiguë elle-même aux forêts de Chantilly, c'était, dans les taillis des trois frères, un perpétuel va-et-vient de cerfs, de chevreuils et de sangliers. Cette abondance attirait, à Montvalat, l'élite des chasseurs du voisinage, et, parmi tous ces compagnons de bruit et d'exercice, la douceur et la loyauté des trois gentilshommes leur avaient concilié de solides amis.

L'un d'entre eux, surtout, s'était attaché à Didier de Monvalat. Il était Clermont, de la branche de Chates, héritier unique de la seigneurie de Clermont, voisin et familier des princes de Condé chez lesquels il avait été nourri page, comme on disait alors.

Le grand Condé vieillissant, fatigué, mais toujours sûr de son coup-d'œil, distingua Clermont parmi la jeune noblesse qui l'entourait, et il l'attacha aux princes de Conti, ses deux neveux, à leur début dans la carrière.

L'aîné de ces princes venait d'épouser la fille du roi et de mademoiselle de La Vallière, Marie-Anne de Blois, légitimée de France; Condé avait été la demander à sa mère ensevelie vivante aux Carmélites du faubourg Saint-Jacques, et cette alliance, il la sollicita, dit-on, avec ardeur, car elle lui promettait pour sa maison un avenir de grandeur et de préférence. En effet, Louis XIV, heureux d'unir l'enfant de son amour à un prince de son sang, avait doté comme une reine la fille de Louise de la Miséricorde.

Cette faveur de l'astre qui vivifiait tout, Condé l'espérait surtout pour le plus jeune de ses neveux, qu'on appelait alors la Roche-sur-Yon, et qu'il aimait à l'idolâtrie, ayant deviné chez lui les hautes qualités qui font les héros. — Celui-là, pensait le grand homme, continuera mon nom et ma race; celui-là est le germe sacré : ménageons-lui les caresses du soleil. Beau-frère d'une fille chérie du roi, toujours à portée du trône d'où tombent les commandements et les grandes charges militaires, il saisira les occasions de s'illustrer. Vienne une journée de Rocroi, le Condé est prêt.

Cependant ce mariage ne tint pas ce qu'il avait promis. Louis XIV, aussitôt qu'il eut marié sa fille, se souvint qu'il avait des fils à établir. Le duc du Maine, infirme, poltron, ridicule à la guerre et ridiculisé par les soldats, fit, cruellement pour le cœur du père et de sa gouvernante Maintenon, briller la valeur et la bonne mine des neveux de Condé. Le peuple aimait ceux-ci, les sachant d'un sang pur; il leur témoignait son amour avec frénésie; à eux les acclamations bruyantes, les refrains enthousiastes ; au fils de la Montespan, un froid silence, quelquefois un amer sourire plus éloquent qu'une injure.

Cet antagonisme ruina l'édifice élevé par Condé. Le roi regarda les Conti d'un œil sombre et se promit de leur refuser désormais ces occasions mortelles à la popularité de ses bâtards.

Il enveloppa même dans cette défiance la princesse de Conti sa fille, qui jeune, belle jusqu'à éblouir, et adorée à la cour, n'était point haïe du peuple comme les enfants de la Montespan. Car les larmes et les expiations de la Carmélite avaient racheté son titre de duchesse et les grandeurs de sa fille. Louis, secrètement excité contre celle-ci par ses sœurs et son frère du Maine, ne la persécutait pas encore, mais il guettait le prétexte et enveloppait les Conti d'une surveillance effrayante pour quiconque eût senti couver l'orage.

Or, excepté Condé, le courtisan sagace, qui donc se fût alarmé à la cour de Chantilly, ou dans la petite cour très-choisie que la princesse de Conti tenait à Versailles? Toute cette jeunesse rieuse, railleuse et puissante, princes vaillants fiers de leur épée, princesse enivrée de ses succès et de sa beauté, sans rivale, disait-on, sur la terre; tous ces enfants n'avaient-ils pas les fêtes, les parures et l'amour? n'avaient-ils pas les bénédictions et l'encouragement populaires, et la splendeur du passé, comme les promesses de l'avenir? Quelle place restait-il à la prudence au sein de tant d'éblouissements? Néanmoins l'orage grossit, savamment préparé au sein même de Jupiter, et ce prétexte tant souhaité précipita la foudre.

C'est dans cette cour remuante et belliqueuse que le jeune Clermont grandissait, s'attachant de plus en plus aux Conti, et prenant sa part comme en famille des leçons de Condé ou des intrigues et des espérances de la maison.

Tous les congés que lui donnaient Versailles et Chantilly, Clermont les employait à courir à Montvalat près de son petit ami Didier, le dernier des trois frères. Ces jours-là étaient de grandes fêtes pour tous quatre. Le page apportait chez les solitaires comme un reflet des splendeurs de la cour. Ses récits émerveillaient l'auditoire ardent et impressionnable.

Quand il peignait en traits de flamme les cérémonies, les divertissements, les amours, il apparaissait à ses amis comme un être privilégié, vivant avec les demi-dieux, s'abreuvant de nectar et glissant entre les nuages et la terre. S'il parlait des projets brillants de ses jeunes maîtres, s'il détaillait leurs journées d'exercices guerriers, d'études politiques, s'il soulevait plus hardiment le voile jeté sur un radieux avenir, alors que le vieux règne se briserait, et que la jeunesse règnerait à son tour, Clermont voyait autour de lui flamboyer les regards, il entendait soupirer ces vaillantes poitrines, il comprenait le muet reproche de ses amis, honteux d'être écartés de tant de périls et de gloire. Aussitôt il les rassurait : — Patience! disait-il, si les rancunes du roi sont éternelles, le roi ne l'est pas. Monseigneur le grand Dauphin montera sur le trône, et nous sommes au mieux avec Monseigneur. C'est, de lui à nous, un échange assidu de petites cajoleries cachées, comme une secrète alliance. Frère de notre belle princesse, madame de Conti, il aime passionnément sa sœur, il la respecte et se plaît chez nous. Il ne parle jamais de madame de la Vallière sans témoigner pour elle d'une sympathie et d'une vénération presque religieuses. Patience! chers amis, je parle souvent de vous à nos princes, et s'ils avaient le crédit des bâtards de la Montespan, votre réconciliation avec le roi serait faite. En attendant, comptez sur mon zèle pour saisir au vol toute occasion qui s'offrira de vous rapprocher de moi. Nous ferons notre première campagne ensemble !

Sur ces paroles franches comme leur amitié, Clermont serrait les mains de Didier, souriait aux deux frères, et les heures s'envolaient, et jamais il ne quittait Montvalat sans y laisser une consolation, un espoir.

II

Un soir de juillet 1685, Robert et Henri s'évertuaient, avant souper, à étudier leur *Théorie de l'Attaque des places*, car c'était des esprits sérieux, stimulés par les plus nobles ambitions. Didier quittait la tour carrée pour aller prendre son bain dans l'Oise, lorsqu'un galop de cheval retentit sur la route, à quelque distance du château, et tout à coup Clermont se trouva devant Didier, les bras étendus, l'œil étincelant de promesses.

Au cri de joie poussé par leur frère, Robert et Henri se penchèrent hors de la fenêtre, aperçurent le page de Conti et, jetant bas crayons et compas, descendirent précipitamment à la rencontre du bien-venu visiteur.

Clermont, d'ordinaire élégant et raffiné, ne portait ce jour-là ni broderies, ni dentelles, ni plumes. Son pourpoint de drap vert bordé d'un velours noir, étroitement agrafé, sa ceinture de cuir, ses manches à parements impitoyablement fermées à la chemise fine qui s'en échappait seulement aux poignets, des gants de daim à revers, de lourdes bottes de voyage, la solide épée à la coquille de fer remplaçant la fine rapière de toilette, un je ne sais quoi de sauvage et de mystérieux qui respirait en lui et s'exhalait de lui, arrêta soudain les trois frères devant leur ami, lequel, pour un instant, garda le silence et parut jouir délicieusement de leur surprise.

— Eh! seigneur, s'écria Didier le premier, non sans un serrement de cœur qui faisait trembler sa voix, d'où nous vient ce guerrier au maintien terrible?

—Demande plutôt où il va, répondit le page; mais, d'abord, ajouta-t-il en tournant la tête pour s'assurer que les valets n'écoutaient pas, tirons à l'écart, mes amis, hors des murs: ici comme à Versailles ils pourraient avoir des oreilles.

Robert se dirigea vers la pelouse un peu roussie qui séparait le château des parterres. Là, bien à découvert sous le ciel étoilé, eux seuls pouvaient s'entendre; ils se serrèrent en un groupe étroit, et Clermont, posant sa main sur l'épaule de Didier:

— Aujourd'hui, 20 juillet, lui dit-il à voix basse, nous avons tous deux dix-sept ans, toi et moi; aujourd'hui la Providence m'a fait un présent: j'en apporte la moitié à mes amis de Montvalat.

— Qu'est-ce que ce présent? demanda Didier doucement ému.

— Une nouvelle, une grande nouvelle.

Les trois jeunes gens tressaillirent. Leurs yeux seuls interrogèrent Clermont.

— Voici, répliqua-t-il. Le jour que je vous ai promis tant de fois est enfin arrivé. Plus de gêne, plus de prison, plus de maître jaloux, plus de Maintenon bigote.

— Le roi est mort! s'écrièrent à la fois Henri et Robert.

— Non, non, il vit, il vivra cent ans. Il vivra toujours. C'est dans cette crainte que nous venons de prendre un parti. Comme il nous est bien démontré que, pour nous étouffer, le roi ne veut plus de guerres; comme il est évident que d'ici à deux ans la France sera une immense capucinière, dirigée par Louis quatorzième du nom, avec M. du Maine pour premier acolyte, nous n'hésitons plus. Nous allons demander ailleurs ce qu'on nous refuse ici. L'empereur fait la guerre aux Turcs, nous partons trouver l'empereur.

— Comment, vous partez, demanda timidement Robert, qui, vous?

— Oh ! rassurez-vous, Montvalat, s'écria Clermont, la compagnie est nombreuse et passablement choisie. C'est d'abord Mgr le prince de Conti, M. le prince de la Roche-sur-Yon, son frère; c'est M. le prince de Turenne, MM. de Créquy, M. de Villeroy, MM. les ducs de Liancourt et de la Roche-Guyon, M. le prince Eugène... toutes personnes d'assez bonnes maisons, comme vous voyez, et dont l'absence fera peut-être plus de tort à l'armée française que leur présence ne produisait d'effet à la cour.

— Quoi ! toute cette noblesse sort de France ! dit Robert.

— Elle n'y sera plus demain matin.

— Et toi, murmura Didier frémissant, tu pars aussi, j'imagine?

— Comme tu vois.

— Je ne devine pas bien alors, repartit vivement le jeune homme, en quoi consiste ce présent si agréable dont tu prétendais apporter ici la moitié.

— Quoi! tu ne comprends pas, interrompit Clermont avec chaleur, que j'apporte la liberté, la vengeance et la gloire! Tu ne comprends pas que je ne veux rien de tout ce qui se prépare, si je ne le partage avec vous! Quoi! tu supposerais que, dans une aubaine, où le roi n'est pour rien, j'aie oublié mes trois amis, et tout gardé pour moi seul en égoïste ! Enfants que vous êtes, mais on va sabrer des Turcs, conquérir des duchés et piller des sultanes. Mais sautez de joie, enfants! je vous emmène !

— Oh! Clermont! brave Clermont! s'écrièrent avec ivresse les trois frères en se précipitant l'un au col, l'autre à l'épaule, le troisième sur la main ouverte de leur ami.

— Oui, reprit-il, c'est convenu avec M. le prince de la Roche-sur-Yon. — Amène tes camarades, m'a-t-il dit, je me charge d'eux.

— Il se charge de nous, le digne prince !

— Oui, mais faisons vite; je me suis dérobé tandis qu'ils arpentent la route d'Allemagne. Le prince m'a donné jusqu'à demain pour rejoindre. N'emportez que le strict nécessaire : nous avons de l'argent; vos chevaux et vos épées avec un porte-manteau, en voilà assez pour le présent. Plus tard vos bagages arriveront. Faisons vite, vous dis-je, et surtout pas de bruit; car la moindre indiscrétion perdrait tout. Vite! une heure de retard, et nous serions arrêtés!

— Arrêtés? demanda Robert, et pourquoi!

— Comment, pourquoi? Si jaloux que soit le grand monarque, et si content de savoir MM. de Conti loin de Versailles, croyez-vous que cette satisfaction et cette jalousie aillent jusqu'à laisser passer chez l'empereur la fleur de sa noblesse et deux princes du sang royal ?

— C'est donc à l'insu du roi, babutia Robert, que MM. de Conti font le voyage?

— Pardieu ! s'écria Clermont avec un franc éclat de rire.

— Et sans autorisation même d'un ministre ?

Clermont se mit à rire de plus belle.

— C'est bien là ce qui en fait le charme, dit-il, n'est-ce pas Didier ?

— Je le crois bien ! s'écria celui-ci transporté. Allons ! Henri, allons ! Robert, dépêchons, ne faisons pas attendre notre général!

— Un moment, un moment, dit Robert subitement refroidi.

— On dirait que vous hésitez, Montvalat! demanda le page surpris.

— Je n'hésite pas du tout, monsieur de Clermont, répliqua Robert. Je refuse.

Un cri de désespoir poussé par Henri et Didier n'ébranla point sa résolution. Il poursuivit en regardant fixement ses frères:

— Si nous étions princes du sang, ou seulement Bouillon, ou seulement ducs, et bien en cour comme ces grands seigneurs qu'on nous nommait tout à l'heure, vous me verriez déjà botté, armé et en selle. Car le roi pardonnera toujours à son gendre et au beau-frère de sa fille la princesse, il pardonnera aux forts. Mais qu'êtes-vous, MM. de Montvalat? des gentillâtres en disgrâce, presque des rebelles. Ce qui s'appellera escapade de la part des autres se nommera pour vous désertion, trahison, lèse-majesté. On boudera ces gros messieurs; à vous, on vous coupera la tête.

— Oh! oh! dit Henri avec un sourire de dédain.

—Eh bien! après! s'écria Didier, bouillant et mutiné.

— Après? répondit Robert froidement.

Eh bien! monsieur, si l'on vous coupe la tête pour avoir trahi l'Etat et le roi, notre nom sera déshonoré. C'est précisément le contraire de ce que j'ai juré à notre père, lorsqu'il est mort en me recommandant de vous protéger, en vous recommandant de m'obéir.

Robert s'arrêta. Henri baissait les yeux. Didier, pâle et le cœur gonflé, avait quitté le bras de Clermont et détournait la tête.

— D'ailleurs, reprit Robert, croyez-vous que je ne souffre pas, moi aussi, de perdre une chance qui était le rêve de mes jours, le délire de mes nuits! Croyez-vous qu'elle ne me dévore pas, cette obscurité qui vous pèse? Ah! s'il ne s'agissait que de la vie... mais il s'agit de l'honneur... Au surplus, M. de Clermont est un parfait gentilhomme, un ami véritable, ce n'est pas lui qui voudrait nous perdre. Consultez-le, maintenant qu'il a réfléchi... Tenez, je m'abandonne à sa décision, s'il persiste à nous emmener, je cède, nous partons.

Henri et Didier, par un mouvement rapide, se tournèrent vers Clermont, d'ordinaire si résolu, si téméraire. A son tour, il baissa la tête et ne proféra point une parole.

— Hélas! murmura Didier.

— Vous voyez, reprit Robert tristement. Est-ce cruel, à vingt ans, de parler comme je viens de faire? mais je ne suis plus un jeune homme, je suis leur père, M. de Clermont.

—Vous êtes un brave cœur, dit le page ému. Moi j'étais et je suis encore un fou. Mais, si l'honneur consiste pour vous à refuser, il consiste pour moi à consommer cette folie. — Puisque tu t'obstines dans ce coup de tête, — a dit le grand Condé à M. de la Roche-sur-Yon—prends Clermont. — Je suis pris, mes amis.

— Et sans trop de répugnance, interrompit Henri essayant de sourire.

— Laissons-le partir, dit Robert avec effort: tout retard est pour lui maintenant un danger, pour nous un supplice.

Alors il embrassa tendrement le page, qui tendit les bras à Henri. Quand ce fut au tour de Didier, l'étreinte fut longue; l'enfant étouffait son désespoir; Clermont refoulait ses sanglots prêts à éclater. Robert les sépara avec uue affectueuse violence, Henri entraîna l'un vers la cour, où l'attendait son cheval; Robert s'empara de l'autre, le berçant pour ainsi dire sur son sein. Vainement chercha-t-il à l'empêcher d'entendre. Les fers du cheval au départ résonnèrent bruyamment sur le pavé. Didier tressaillit et releva la tête. Il ne vit plus que son frère Henri qui revenait vers eux seul, lentement et le front incliné.

III

Après le départ de Clermont, une tristesse profonde envahit la maison des trois frères.

Les deux aînés perdaient l'espoir d'une fortune brillante, compromise désormais par la ruine certaine de leur jeune protecteur, En effet, Robert comprenait et s'efforçait de faire comprendre à ses frères les conséquences de la colère du roi lorsqu'il apprendrait la fuite des princes; quant à Clermont, il serait sacrifié, peut-être même par ses maîtres. Sans compter les mauvaises chances d'une guerre en Hongrie, guerre sauvage, avec des barbares, tous les fléaux semblaient ligués contre cette expédition des Français étourdis qui, croyant n'aller affronter que des turcs, rencontreraient la peste, la famine et la trahison non moins dangereuse de l'Autriche à laquelle ils vouaient leurs courages.

Ce fut pendant longtemps au foyer des Montvalat le sujet des entretiens de chaquejour. Peu à peu les vives impressions du moment se perdirent dans l'habitude et la douleur aiguë fit place à une sombre uniformité.

Didier, seul, ne s'accoutuma pas à la perte de son ami. C'était une âme tendre, une créature nerveuse, poussant à l'extrême la joie ou l'amertume de ses perceptions. Ce jeune homme aux sourcils bruns, aux cils soyeux qui voilaient ses longues paupières, au teint blanc et nacré comme celui d'une jeune fille, — cet être frêle dont la prunelle noire recélait des flammes inextinguibles, tandis qu'on lisait sur ses traits corrects, sur ses lèvres dessinées par un carmin pâle l'austère froideur et l'ascétique chasteté des martyrs de la Rome chrétienne, ce pauvre cœur aimant, qui de sa première sympathie s'était fait une passion ardente, faillit succomber au chagrin de la séparation.

Ses deux frères, émus de l'état où ils le voyaient, lui devinrent doux et complaisants, plus encore que par le passé. Ils s'efforçaient de le distraire. Naïfs consolateurs qui n'avaient pas même la conscience de leur insuffisance et se figuraient calmer par un présent, par une caresse de frère, l'insatiable soif de tendresse qui s'allume en certaines âmes, symptôme précurseur de la fièvre d'amour!

Il ne fut donc plus contrarié dans ses langueurs, dans ses mornes paresses. Quelquefois il passait des jours à flotter, couché dans son bateau, sur la nappe verte et molle de l'Oise, parmi les joncs qui criaient sous la proue, parmi les herbes tièdes, dont les panaches, polytes onduleux, finissaient par s'emparer de la barque et l'amarraient dans leurs touffes comme à un îlot fleuri. C'est là, que tard, aux premiers feux de l'étoile du soir, le retrouvaient des serviteurs inquiets qui l'avaient appelé sans le tirer de son étrange sommeil. On lui faisait alors la guerre sur ce goût bizarre, on le poussait à la promenade, on le réconfortait soit par quelque souvenir de Clermont, soit par quelque hypothèse plus ou moins encourageante sur l'expédition de Hongrie ; enfin, on lui arrachait un sourire, et puis l'on se couchait ; et les deux aînés, qui dormaient jusqu'au matin, n'entendaient pas Didier s'agiter dans sa chambre et continuer par l'insomnie nocturne l'œuvre de destruction commencée par les torpeurs du jour.

Cependant le temps marchait. De l'ami absent pas de nouvelles. Comment Cler mont n'avait-il pas écrit? Robert de Monvalat fit un voyage à Paris. Il y apprit que la cour était divisée en deux camps depuis le départ des princes. Un ministre les ayant rappelés instamment, avec promesse de pardon pour tous, excepté pour le prince Eugène, à qui défense était faite de revenir en France, ceux qu'on favorisait avaient refusé de rentrer. Celui qu'on exilait avait répondu : « Je rentrerai en France et malgré eux. » Cette réponse du prince Eugène courait Paris comme un frisson prophétique. Et le roi n'avait fait qu'en rire avec M. du Maine et leurs amis. La France paya plus tard ces rires dédaigneux d'une moitié de son sang et de dix ans de larmes.

Robert était encore à Paris quand on y apprit tout-à-coup la bataille de Grann, en Hongrie, et la défaite des Turcs, et les prodiges de valeur accomplis par MM. de Conti à la face de l'Europe. L'escapade de ces jeunes gens tournait en odyssée héroïque, on s'arrachait dans les rues les bulletins de leur victoire, comme si elle eût sauvé la France ; les deux Conti furent chantés au coin de tous les carrefours, et leur popularité s'accrut des persécutions royales.

La princesse de Conti, fille du roi, quitta la cour sur ces entrefaites. On prétendit qu'elle venait d'être exilée aussi. L'histoire d'une querelle entre elle et le fils boiteux de la Montespan se propagea aussitôt et prit les proportions d'une insulte faite à la princesse, qui défendait, dit-on, son mari et son beau-frère contre les sarcasmes du bâtard jaloux.

Le fait est que madame de Conti se retira chez le prince de Condé à Chantilly; le roi s'y opposait, prétendit la chronique : il voulait l'envoyer ailleurs, mais les instances de la princesse furent si vives que le père dut céder à sa fille. Elle partit à peu près seule. Il va sans dire que dans les moments d'orage les courtisans restent volontiers du côté de la main qui tient la foudre. La princesse s'ensevelit sous les ombrages séculaires chéris du grand Condé. Celui-ci, à l'arrivée de cette visite compromettante, les quitta bien vite pour un sourire du roi qui l'appelait à Marly. La fille de La Vallière resta seule avec un écuyer dans l'immense château.

—Aussitôt le peuple, aussitôt les bourgeouis, aussitôt la jeune noblesse, de plaindre et d'adorer cette reine de beauté, cette fée enchanteresse, abandonnée à dix-huit ans parmi les loups. Plus d'un roman de l'époque fait allusion à l'illustre Aristonice ou Cléobule, princesse incomparable et errante que l'auteur promène avec des torrents de larmes dans la sauvage Hyrcanie, au bord des précipices grouillants de vipères. Aristonice signifiait Marie-Anne, fille de France, et cette Hyrcanie féconde en lions n'était autre que le grand quinconce ou l'allée de Sylvie.

Telles furent les nouvelles que rapporta Robert tant palpitant. Il revint à Montvalat croyant y trouver des lettres de Hongrie, et se hâtant, parce qu'il savait que les lettres lui seraient adressées, que Didier n'oserait les ouvrir sans lui et se consumerait dans l'attente. Pas de lettres à Montvalat, pas l'ombre d'un souvenir! Ainsi, quand toute la cour avait reçu des courriers, quand le moindre courtaud de boutique discutait la topographie de la bataille et le nombre des canons et des queues de cheval imprimés dans les gazettes, un ami, le plus tendre et le plus dévoué des amis, eût ignoré jusqu'au fait lui-même, sans ce voyage de Robert.

Les deux aînés doutèrent du cœur de Clermont.

Didier haussa légèrement les épaules et, regardant Robert avec un muet reproche :

— N'est-il pas plus simple de supposer, interrompit-il, qu'il est blessé mortellement ou mort?

Il s'agissait de guérir cette nouvelle souffrance. Robert devinait à la pâleur de son frère les résultats qu'un pareil doute amènerait en peu de temps. Il se consulta longuement avec Henri, et tous deux, sous prétexte d'une partie de chasse, se rendirent à Chantilly où jamais ils n'étaient allés, — très-fiers de leur nature, se sachant pestiférés de la disgrâce royale, et résolus à ne rien solliciter, fût-ce de Clermont. Mais, pour cette fois, en présence de la cruelle incertitude où les plongeait son silence, la fierté fléchit, les deux frères partirent avant l'aube, et le soleil levant les trouva frappant à la porte du pavillon qu'habitait l'officier de service au château de Chantilly.

Il leur fut répondu que M. de Clermont se portait à merveille, qu'il était surprenant qu'il n'eût pas écrit à ses amis de Montvalat, car il avait écrit à plusieurs autres. Cet officier même était l'un de ces heureux. Il fit voir sa lettre à Robert, une lettre triomphante et gaie.

Robert et Henri, confondus et ne doutant plus de l'oubli du page, sentirent pourtant beaucoup de joie à le savoir sain et sauf. Pour s'expliquer l'exclusion dont ils étaient victimes, ils firent mille suppositions. Une seule eût suffit. Ils n'avaient qu'à se rappeler leur nom, suspect à la cour, et à réfléchir qu'une lettre, écrite de Hongrie par un page de Conti à un Montvalat, était bien aventurée à la poste, sous un ministre aussi curieux que M. de Louvois. Mais cette réflexion si raisonnable fut la seule qu'ils omirent. Ils revinrent donc chez eux et instruisirent Didier de son bonheur et de son malheur.

Ils accompagnèrent leur récit de quelques apophtegmes sur la vanité des amitiés de cour, et engagèrent l'enfant à se montrer un homme. Ils ajoutèrent, sans amertume, que Didier en verrait bien d'autres dans la vie, qu'il n'était qu'au début, etc., etc. Ils terminèrent en lui remontrant affectueusement qu'on a tort d'aller chercher loin ce qu'on a sous la main, et, ouvrant leurs bras au petit frère, lui donnèrent la preuve de cette vérité par une tendre et chaleureuse étreinte.

Soit que Didier les crût, soit qu'il craignît d'être ingrat en ne feignant pas au moins de les croire, il passa dès ce moment à un état plus calme, à des manifestations plus raisonnables. Il reprit peu à peu ses travaux en compagnie des aînés; — travaux fort intermittents, sans doute, mais qui témoignaient d'une rémission salutaire de son esprit. Son penchant pour la solitude ne diminua point, mais on put s'apercevoir qu'il cherchait à se distraire, et plus d'une fois Robert l'y excita, soit en garnissant généreusement sa bourse, soit en affectant de ne le plus surveiller lorsqu'il s'absentait de Montvalat.

IV

Ces absences de Didier se multiplièrent peu à peu, et à tel point qu'elles finirent par inquiéter ses frères autant que d'abord elles les avaient réjouis.

Ce n'était pas cependant que le résultat n'en fût assez avantageux pour le moral et pour la santé du jeune homme. Chaque jour il sortait à cheval et ne rentrait que le soir. S'il revenait à l'heure du repas commun, il y apportait un bon visage, un appétit satisfaisant. Il se montrait, tantôt, rêveur avec de doux et fins sourires; tantôt, s'il se sentait observé, causeur et conteur intarissable. Alors il énumérait les routes qu'il avait battues, les détours qui l'avaient égaré, tel recoin inconnu de la forêt de Hallate où il s'était oublié avec un livre.

Il paraissait avoir pris un grand amour des bois, lui, naguère exclusif pour l'eau et la plaine. Seulement, quand

Robert lui demandait, sans intention malicieuse, quelque détail précis, ou lui proposait de l'accompagner dans ces excursions merveilleuses, c'était soudain un embarras visible, une retraite maladroite à travers des faux-fuyants dont on le railla d'abord, et dont plus tard on s'étonna qu'il eût besoin de faire usage.

La nouvelle maladie de Didier se révélait, entre autres diagnostics, par une recherche de parure jusque-là inusitée. Ses frères le virent avec étonnement passer de la simplicité campagnarde à une minutie digne de Versailles. Cette métamorphose s'opéra tout-à-coup, du jour au lendemain. Il soignait ses habits, choisissait ses dentelles, composait ses costumes de sortie comme un gentilhomme du bel air qui dîne chez les marquises, et cela, pour courir en plein bois, dès six heures du matin. La chose, si peu naturelle qu'elle fût, n'aurait peut-être pas éveillé la défiance des aînés, sans une remarque fortuite de Robert, à laquelle succédèrent des soupçons sérieux.

Il lui sembla un soir, tandis qu'il regardait rentrer Didier, que le jeune homme était suivi à distance. Des fenêtres du château, la vue s'étendait sur toute la plaine et enfilait la route coupant un long massif de bois. Robert crut remarquer, dis-je, que deux hommes venus bien loin derrière Didier s'arrêtaient au coin du massif, s'abritaient à l'ombre des derniers bouquets de chênes et suivaient de l'œil le jeune cavalier, qui rentrait au pas, voluptueusement, la tête penchée, comme alourdie par l'extase.

Au sortir de ce bois, commençait la plaine, sans interruption jusqu'au monticule, piédestal de Montvalat. Ces observateurs purent donc voir Didier gravir lentement le chemin sinueux et pénétrer sous la voûte du château. Alors ils parurent échanger entre eux un geste de satisfaction et s'en retournèrent par où ils étaient venus.

Robert n'attacha point sur le moment beaucoup d'importance à cette particularité. Elle ne le frappa réellement que le lendemain au matin, lorsque, de la même fenêtre, guettant, sans se montrer, Didier qui partait avec un cheval harnaché de neuf, et pourtant moins splendide que son maître, il aperçut comme deux points noirs dans la clairière du bois au bord de la plaine. Ces ombres, son œil familiarisé avec le moindre détail du voisinage s'étonnait de les trouver là.

Il appela Henri, lui montra l'objet

équivoque, et Henri, chasseur infaillible, répondit que c'était sans doute deux chevreuils curieux, humant le soleil sur cette lisière.

— Nous les verrons bien s'enfoncer sous bois, — ajouta-t-il — au bruit des pas du cheval.

Mais tout au contraire, à l'approche du jeune homme, les deux formes noires s'aplatirent sous l'herbe. Didier passa devant elles sans rien voir, — il rèvait comme toujours — et peu à peu s'éloigna dans la route de sable jaune. Saudain les deux prétendus chevreuils se levant, Robert et Henri distinguèrent deux hommes qui s'avancèrent avec précaution jusqu'au fossé de la bordure, puis se placèrent sur la route même, et, de là, observèrent l'insouciant voyageur qui continuait son chemin.

Lorsqu'il eut dépassé la ligne lumineuse de l'horizon, ils se mirent en marche sur sa trace. C'étaient les guetteurs de la veille.

Dans les campagnes, les habitants sont rares. Il est aisé à chacun de reconnaître un homme à des distances considérables. Un enfant distinguera d'une lieue l'étranger à ses allures, à son geste, à son habit. Tous les gens du pays, Robert les connaissait, il les signalait sans hésiter, maraudeurs ou braconniers, rampant dans le sillon ou glissant dans les broussailles : mais ces deux personnages, ces deux ombres d'un noir si ferme, d'une démarche si peu rustique, il s'avoua aussitôt qu'il ne les connaissait pas, et son frère ayant partagé sa surprise, c'est-à-dire son inquiétude, tous deux sortirent du château sans ébruiter leurs projets, et, coupant au court le long d'une oseraie qui rejoignait le bois, ils manœuvrèrent de façon à rencontrer les inconnus suspects à l'intersection des deux chemins.

Mais la fortune ne les servit pas. Ils ne purent revoir ces hommes. Vainement parcoururent-ils les allées, les carrefours si connus, rien, pas de traces, pas de nouvelles. Ils rentrèrent à Montvalat, épuisés.

Le soir, Didier, en arrivant, les trouva près du feu causant avec animation, et ils le reçurent avec une gêne manifeste. On soupa tristement, le repas fut court, la prolixité de Didier n'arracha que des monosyllabes à ses frères.

Quand les valets furent éloignés, Robert pria le jeune homme de le suivre dans sa chambre, celle-là même qu'habitait autrefois leur père. Henri s'assura que personne ne rôdait dans le vestibule, et, montrant un siége à Didier qui essayait de railler leurs airs solennels, il vint s'asseoir lui-même à la droite de Robert, qui préparait avec recueillement son meilleur exorde.

— Didier, mon frère, dit-il enfin, vous nous causez de grands chagrins, à Henri et à moi. Vos absences, que nous ne comprenons pas, que vous ne nous expliquez pas d'une manière satisfaisante, nous paraissent de nature à compromettre le repos de cette maison.

Il se tut, cherchant la réponse dans le regard incertain du jeune homme.

— Mais, mon frère, répliqua Didier affectant l'air d'une victime, vous ne m'avez jamais interdit de sortir. Si maintenant telle est votre volonté, je ne sortirai plus.

— C'est mal prendre mes paroles, Didier, ou plutôt c'est une nouvelle feinte. Vous savez à merveille que je ne vous enchaîne pas, pas assez peut-être. C'est dans votre intérêt que nous nous préoccupons de vos sorties, c'est pour votre sûreté.

— Ma sûreté! — s'écria ironiquement le jeune homme en saisissant avec adresse ce mot qu'il croyait hasardé, — que risqué-je donc à me promener aujourd'hui dans des bois où je vais seul depuis ma naissance?

— il serait possible, dit froidement

Robert, que vous risquassiez beaucoup plus aujourd'hui qu'il y a un mois, par exemple.

Didier se tut, attentif.

— Il serait possible aussi, ajouta le frère aîné, que vous n'allassiez pas seulement dans ces bois dont vous parlez.

Didier rougit.

— On ne va pas dans les broussailles avec des dentelles, on ne fait pas pour les taillis des toilettes comme celles que nous vous voyons faire à vous et à votre cheval.

Didier passa de l'écarlate au ponceau brûlant.

— Où allez-vous ainsi chaque jour depuis un mois? demanda tout-à-coup Robert.

Le jeune homme blessé, effrayé peut-être de la question si directement posée, se cabra et soutint un moment le regard ferme de son aîné.

— Assurément vous faites mal, poursuivit Robert, car vous vous cachez de vos meilleurs amis : donc vous craignez leurs reproches. Vous faites mal, vous dis-je, et nous ne sommes pas seuls à nous en apercevoir. Déjà votre conduite attire l'attention publique; déjà vos démarches sont observées.

— Observées! balbutia Didier en attachant sur son frère deux grands yeux timides.

— Oui, vous êtes espionné, suivi, compromis sans doute, et nous gémissons d'ignorer, Henri et moi, ce que savent les gens qu'on attache à vos pas, les espions qui vous guettaient hier et vous ont suivi ce matin.

Didier eut une mauvaise pensée : il crut que ses frères cherchaient à l'effrayer pour tirer de lui son secret. La première jeunesse est ombrageuse et fière. Ces parfums printaniers montent facilement au cerveau. L'enfant s'endurçit donc, et prenant un air dégagé :

— J'ignore absolument, dit-il, le sens de tant d'énigmes. Me suit-on, ne me suit-on pas, qu'importe ! on verra bien que je me promène et ne fais point de mal.

Robert fronça le sourcil, Henri se leva impatient.

— Est-ce là votre réponse ? demanda Robert.

— Mais, mon frère...

— Est-ce votre dernier mot ?

Didier acquiesça du geste.

— Eh bien ! interrompit Robert avec dignité, puisque la tendresse et les douces paroles n'ont plus de prise sur votre cœur, puisque vous vous faites un jeu de mes conseils comme de mes alarmes, puisque, en un mot, vous ne me laissez pour vous sauver d'autre ressource que la rigueur, je serai sévère ! A dater d'aujourd'hui, chevalier de Montvalat, vous ne sortirez plus du château sans ma permission.

— Mon frère ! s'écria Didier épouvanté.

— Vous savez que je me fais obéir, continua Robert, menaçant et pâle.

— Mon frère, je vous jure que je ne fais point de mal. Je vous jure...

— Où allez-vous depuis un mois ?

— Oh ! ne me le demandez pas, je vous en supplie ! dit l'enfant tout palpitant et joignant ses mains avec angoisse.

— A votre majorité, je vous laisserai libre. Jusque-là, votre tuteur, votre aîné, votre maître, je vous somme de répondre à ma question.

Robert s'irritait. En lui s'allumait le feu sombre et dévastateur des blanches colères paternelles.

— Je t'en prie, Didier, je t'en prie, réponds à notre frère, murmura Henri à l'oreille du jeune homme, qui chancelait éperdu.

— Non, taisez-vous, enfant ingrat, s'écria Robert, puisque vous n'avez plus pour nous ni respect ni amitié ! Taisez-vous! Seulement avec votre secret emportez cette liberté qui vous est si précieuse, nous ne pouvons plus vivre ensemble sous le toit de notre père! Adieu!

Didier poussa un cri étouffé, courut à son frère et lui saisit la main en tombant à deux genoux.

— Pardon, Robert! pardon! dit-il en mouillant cette main de ses larmes. Ne me haïssez pas, vous allez tout savoir.

V

Robert se sentit désarmé. Il releva Didier, le fit rasseoir, lui donna le temps de se remettre.

— Espérons, lui dit-il, mon cher enfant, que toutes ces hésitations ne nous cachent pas un malheur.

— Hélas ! monsieur, répondit le jeune homme tremblant encore, s'il y a malheur, au moins aurai-je la consolation d'en souffrir seul.

— Il n'y a pas de malheur ou de joie qui ne s'étende à nous trois, dit Henri en embrassant Didier. Sois tranquille, Robert est bien bon, il nous aime, et, si tu as besoin d'aide, il ne te manquera pas.

— Je n'ai besoin que de votre indulgence, mes chers frères ; et puis, quand j'aurai parlé, je ne demanderai plus rien que le secret et l'oubli.

Didier était si rouge, si troublé, que Robert l'interrompit.

— De quoi donc s'agit-il ? Auriez-vous commis une faute ?

— Oh ! oui.

— Grave ?

— Je le crains !

— Est-ce possible, Didier !... Pauvre enfant !... s'écrièrent les deux frères avec compassion.

— Plaignez-moi, plaignez-moi... je suis...

— Voyons.

— Je suis... amoureux.

L'enfant, après ce mot terrible, baissa brusquement la tête. Son trouble venait moins peut-être de la honte d'un tel aveu que de l'effroi causé à cette âme innocente par la violence du sentiment inconnu qui la tyrannisait. En effet, tant de timidité s'alliait mal avec le feu de deux yeux noirs que pas une femme n'eût regardés en face, pour peu qu'ils eussent osé la regarder eux-mêmes.

Cependant le début de la confidence avait soulagé considérablement le cœur des deux aînés. L'affaire pour eux diminuait de proportion; le crime devenait peccadille, le péril se changeait en risque. Voilà ce qu'ils se dirent l'un à l'autre d'un coup-d'œil. Ils se trompaient beaucoup. Didier seul, dans son instinct, sentait juste, et avait donné à l'aventure son véritable nom : un malheur plein de gravité.

— Il s'agit de nous raconter cela, reprit Robert avec une sorte d'enjouement. Quand et comment t'es venue cette passion-là ?

— Oh ! mon frère, bien simplement, allez. On ne croirait jamais que tout un être, toute une vie, se trouvent ainsi transformés en un instant.

Didier mit dans ces mots une telle expression d'énergie et de souffrance, qu'avec plus d'attention ses frères eussent plongé jusqu'au fond de sa plaie. Mais leur aveuglement ne devait pas se dissiper si vite.

— Nous t'écoutons, ajouta Henri, en l'engageant d'un sourire.

— Il y a cinq semaines, dit l'enfant, la tête penchée, les mains jointes, — car il rassemblait péniblement ses idées et ses forces, — oui, il y aura demain cinq semaines, je vivais tranquille; vos bontés m'avaient consolé du départ et du silence de Clermont. Je commençais à me sentir libre de cœur, comme vous me laissiez libre dans toutes mes actions. Je me souviens que, pour la première fois depuis bien longtemps, j'avais dormi la nuit entière, et qu'au réveil je me trouvai dispos, allègre, prêt à reprendre ma bonne vie d'autrefois, c'est-à-dire le mouvement, le grand air et tous les goûts qui pendant mon engourdissement m'avaient abandonné. J'allai en grande hâte voir mes chiens, vieux amis oubliés, qui, lorsque je les fis coupler, faillirent s'étrangler de joie; je déjeunai d'un grand appétit, vous m'en fites la remarque.

— Je me souviens, dit Henri, tu partis en chantant.

— Oui, je chantais; cela m'animait encore. Mon cheval m'emmena près des bordures de la forêt, où je découplai pour me débarrasser des chiens qui s'impatientaient. Bientôt ils attaquèrent je ne sais quoi, et je les perdis.

La forêt est grande. Nous y avons droit de suite, et je suivis les maudites bêtes. Mais, vous le savez, dans plusieurs enclaves nous n'avons pas droit, et je fus forcé de tourner. Les bois étaient encore fourrés ; peut-être me laissais-je aller à des distractions ; toujours est-il que je m'égarai, je n'entendais plus les chiens. L'idée me vint qu'ils étaient retournés sans moi à Montvalat; alors, m'orientant de mon mieux, je marchai encore une bonne heure, mais je n'étais que mieux perdu.

Il faut croire que j'avais franchi, sans

y prendre garde, les limites d'une propriété particulière, car depuis quelques minutes je parcourais une sorte de parc aux larges allées moussues, aux hêtres séculaires, quelque chose d'émondé, de soigné, fort différent des sauvages massifs de la forêt. Mon cheval n'en pouvait plus, je l'attachai à un arbre et m'avançai dans l'allée, pensant, à son extrémité, trouver un rond-point et des poteaux, ou peut-être une maison de garde.

— C'est la réserve de M. de Condé que vous nous décrivez, s'écria Robert. Comment ne vous y reconnûtes-vous pas?

— Non, mon frère, je connais cette réserve dont vous parlez. Ce n'est point là que je me trouvais, ainsi que vous l'allez voir. J'en étais bien loin; écoutez encore.

Robert, surpris, hocha la tête.

— Je m'en allais donc, cherchant ma route, poursuivit Didier, quand soudain j'entendis courir derrière moi : c'étaient deux hommes d'une tournure aisée, quasi-militaire, qui semblaient chercher à me joindre. Je les attendis; ils furent bientôt près de moi, et presque au même moment des gardes que je n'avais pas remarqués, et qui me cherchaient aussi, sans doute, débouchèrent du taillis et m'entourèrent. Derrière eux je vis mes chiens, tenus en laisse par un valet, et se pourléchant l'oreille basse comme après une curée frauduleuse. Les physionomies de tout le monde m'avertissaient de leur faute; j'avais, bien malgré moi, commis un délit de chasse dans cette propriété.

Aussitôt je fus décontenancé. Ces gardes, ces officiers me toisaient arrogamment. En ce temps-là, ma tenue de chasseur était plus que modeste, et vous ne me reprochiez pas de dentelles. Je sentis que j'avais toutes les allures d'un braconnier. On me questionna, je répondis mal; on me menaça, je me fâchai tout de suite, et je demandai à parler au maître du bois, dont j'affirmai que j'ignorais le nom et les limites.

Mais l'un des officiers souriant d'un air froid :

— C'est à vous d'abord à vous nommer, dit-il; car enfin, si vous ne savez où vous êtes, vous savez parfaitement que vous n'êtes pas chez vous.

— En admettant qu'il ait un chez lui, interrompit grossièrement l'autre officier.

Je me sentis pâlir, et je crois bien qu'à défaut d'épée, je répondis à cet homme par un mortel regard dont il ne fit que rire, ce qui m'exaspéra. M'adressant au premier qui m'avait interrogé civilement:

— A vous, monsieur, lui dis-je, je ne ferais pas difficulté de répondre, mais à cause de ce manant, de ce drôle, ajoutai-je en étendant la main jusqu'au visage de mon offenseur, je ne sonnerai pas un mot. Qu'on me conduise au maître!

— Ah!... ah!... murmurèrent les deux frères, aussi intrigués qu'intéressés, voilà un singulier début à votre histoire d'amour.

— Il est vrai, répondit le jeune homme, et je me crus bien près d'être écrasé par cette troupe que mes paroles avaient rendue furieuse. Décidé à ne pas me laisser insulter, je détachai mon fusil que je portais en bandoulière, et m'écriai de nouveau : — Passage ! où est le maître !

Mais sur-le-champ ces hommes, qui me serraient si étroitement l'instant d'avant, s'écartèrent de moi. Quelqu'un les rappelait derrière ; je me retournai, je regardai la personne à qui l'un des officiers me montrait respectueusement. C'était une jeune femme, ou plutôt une jeune fille, debout, dans l'allée ; un rayon de soleil rouge jouait en miroitant sur sa robe de velours.

— Nous y voilà, dit Robert ; cette jeune femme ou jeune fille, était bien belle, nécessairement.

— Oui, mon frère, très-belle.

— Elle vous interrogea, sans doute?

— Je ne crois pas, mon frère. Non, je ne crois pas.

—Comment, vous ne croyez pas ; vous n'en n'êtes donc pas sûr ?

— Je suis plutôt sûr qu'elle ne m'a point parlé. Si elle l'eût fait, je me rappelerais le son de sa voix. C'est moi, au contraire, qui parlai. C'était naturel, dans ma position.

—Que lui dites-vous, mon cher Didier; voyons, ne vous faites pas ainsi arracher les paroles... Eh bien ! vous ne répondez pas!

— C'est que je cherche, mon frère, je cherche tant que je puis... pour vous satisfaire... Eh bien ! je pense lui avoir dit qui j'étais. Je pense avoir ajouté que mes chiens s'étaient perdus... Il est vraisemblable que je me serai justifié de mon mieux.

A ces mots si embarrassés, à ces luttes presque douloureuse de l'enfant contre une répugnance invincible, Robert et Henri, surpris, échangèrent un coup d'œil.

— Je pense... je crois... il est vraisemblable... en vérité, chevalier, vous ne me parlez pas comme une créature raisonnable... serait-il possible que vous eussiez perdu la mémoire?

— Il n'y aurait rien d'étonnant, monsieur, répliqua doucement Didier, cette apparition m'avait saisi, cloué sur place, et il sortait de ses yeux une flamme pénétrante qui a dévoré en moi jusqu'au moindre vestige de ce qu'alors j'ai pu faire, dire ou penser.

— Quels yeux! s'écria Robert, je n'en ai jamais vu qui m'aient produit un pareil effet.

— Ni moi, ajouta gaîment Henri.

— Vous êtes bien heureux... ou bien à plaindre, mes frères, murmura tout bas l'enfant, dont le sang brûlait la joue et rougissait de vives morsures le front si blanc, les tempes frémissantes.

— Cependant cette scène a dû finir, reprit Robert, et vous êtes revenu de ce parc enchanté au prosaïque Montvalat, à moins que l'enchanteresse n'ait préféré vous renvoyer sur un nuage. En ce cas, racontez au moins le coup de baguette.

Didier fit un mouvement d'impatience aussitôt réprimé.

— Monsieur, dit-il, ensuite je fus congédié par cette personne.

— Alors, pour vous congédier, elle vous a parlé?

—Non. J'etais resté rivé à ses yeux qui m'examinaient. Quelqu'un me rendit mes chiens; on m'arracha de cette allée; je me sentais changé en une statue, aux lèvres entr'ouvertes.

— Là! tu vois bien que c'était une fée! s'écrièrent ensemble Robert et Henri, riant pour le faire rire. Mais il ne sourcilla point.

— J'en ai eu l'idée, répliqua-t-il simplement. Une femme ordinaire ne saurait être si belle!

— Comment la nommez-vous, cette divinité, mon petit Amadis? demanda Robert.

— Ah! je ne sais point son nom.

— Bon! vous êtes moins féru que je ne le croyais; ne pas savoir le nom d'une femme qu'on adore! c'est qu'on ne l'adore pas. Tant mieux, tant mieux! chevalier. Cependant vous l'avez revue depuis ?

— J'ai voulu la revoir, oui, monsieur.

— Avez-vous réussi ?

— Bien rarement.

— Tout au plus une trentaine de fois en trente jours, peut-être ?

Didier, de plus en plus glacé, répondit :

— Il est bien vrai que tous les jours je me suis senti attiré de ce côté ; il est vrai que j'ai passé de longues heures à essayer de l'apercevoir, soit derrière une fenêtre, soit sous les tilleuls de sa terrasse, mais je ne suis point hardi, et j'eusse mieux aimé mourir que de commettre une indiscrétion. Voilà pourquoi, en trente jours, comme vous dites, malgré mes assiduités, j'ai eu bien rarement le bonheur de l'entrevoir. Voilà comment je n'ai point appris le nom de cette personne ; il me suffisait de me souvenir que je l'avais vue et d'espérer que je la reverrais.

— Une terrasse... dit Robert cherchant... plantée de tilleuls...

— Il me semble que je connais cela, ajouta Henri, rêvant aussi.

— Ne cherchez pas, mes frères, interrompit Didier, la maison est dans les bois de Fleurines : elle appartient à M. de Sillery.

— L'écuyer de M. le prince de la Roche-sur-Yon ?

— Précisément.

— En ce moment en Hongrie avec Clermont et les princes ?

— Oui, mon frère.

— Eh bien ! alors, si l'on connaît déjà la maison et le propriétaire, la personne en question n'est pas une énigme tout à fait indéchiffrable ; — on s'informera.

— Je pense, interrompit l'enfant avec timidité, que c'est une parente de madame de Sillery récemment sortie du couvent.

— Ah! vous pensez encore cela... Mais c'est une conjecture hardie.., où la prenez-vous ? Sur quelle base ?

— J'ai une fois questionné une femme

de la maison... Oh! convenablement, balbutia Didier, à qui ces détails arrachaient l'âme.

— Et l'on vous a dit que c'était bien une parente?

— Oui, mon frère.

— Ainsi, mon cher Didier, récapitulons. Vous êtes amoureux d'une jeune femme ou fille, belle à miracle, parente de madame de Sillery, et fraîchement sortie du couvent...

Didier baissa la tête. Il en avait assez répondu; le questionner au-delà était une cruauté. Mais l'amour, cette douloureuse maladie du cœur, les meilleurs amis du malade n'hésitent presque jamais à le traiter par des remèdes qui déchirent le cœur lui-même. Robert se figura qu'avec une raillerie incisive, opiniâtre, il extirperait sans difficulté le germe encore inenraciné du mal.

— Je gage avec vous, mon enfant, que vous n'êtes pas amoureux du tout, s'écria-t-il. Je gage que cette jeune femme ou jeune fille vous est un prétexte à poésie, une sorte de remplaçant qui comble le vide fait en votre cœur par l'absence de Clermont. Enfin, chevalier, je gage que vous ne sauriez seulement nous dire la couleur de ces yeux magiques, par lesquels vous vous prétendez ensorcelé. N'êtes-vous pas de mon sentiment, Henri?

— Et je l'eusse exprimé de même, dit celui-ci; j'ajouterai, toutefois, qu'un amoureux bien épris est moins passif d'ordinaire et plus curieux que dans cette circonstance ne l'a été notre cher Didier. A son âge, les murs de terrasse n'ont pas la hauteur que leur attribuent vulgairement les architectes. Et d'ailleurs il n'est pas d'élévation que ne franchissent un soupir bien poussé, un billet bien lancé, une œillade bien amorcée. Qu'en pensez-vous, Robert?

— Moi, je persiste, répondit le frère aîné, à nier devant ce jeune homme, non-seulement son amour, mais la femme qui l'aurait inspiré. Elle n'existe qu'à l'état de vapeur, dans un cerveau malade. Autrement, notre frère est sage, il eût réfléchi, il eût discuté ce sentiment, il eût combattu, enfin. Un coup d'œil n'est pas une balle, que diable! et n'abat point un homme irrésistiblement. Didier nous a raconté une fable, soit, mais j'en attends la moralité.

L'enfant blessé au vif se replia un moment sur lui-même.

Quoi! après tant de souffrances, après tant d'efforts pour laisser aller ce secret en lambeaux saignants, ne rencontrer rien que l'ironie; pas une caresse, pas une goutte de baume sur la plaie si douloureusement découverte! Didier se repentit d'avoir parlé.

— Nous attendrons votre conclusion, dit Robert de plus en plus persuadé que son souffle suffirait à dissiper le fantôme. Avouez, cher enfant, que cette bulle de savon si radieuse des couleurs du prisme, si savamment soufflée, si tendrement caressée par votre imagination, avouez, dis-je, qu'elle se ternit déjà, avouez qu'elle crève... Ce dénouement nous rendra tous beaucoup plus heureux que nous ne l'étions ce matin : vous, qui ne souffrirez plus, et nous qui ne vous verrons plus souffrir pour un enfantillage.

Ces consolations plus cruelles encore

que la raillerie firent bondir Didier, l'affranchirent de tout scrupule et changèrent sa passion en fanatisme.

— Vous vous méprenez complétement sur mes sentiments, répliqua-t-il, ou du moins je ne comprends pas les vôtres. L'amour, selon moi, n'est pas une souffrance, c'est le plus immense, le plus vivifiant des bonheurs. Je ne sais pas le nom de la personne que j'aime, il est vrai; à peine l'ai-je entrevue quelquefois, j'en conviens; mais, si je m'en contente, tout n'est-il pas bien pour moi? Escalader des terrasses, écrire des billets, on le fait, je le sais, mais je gagne plus à ma timidité qu'à toutes ces hardiesses un peu banales. La couleur des yeux dont vous me parlez, l'analyse de leur séduction, oh ! je n'essaierai pas de vous les dire. Cette beauté, je ne m'en suis jamais rendu compte à moi-même. Quand sa pensée effleure mon cœur, soudain le printemps m'inonde de parfums, l'aurore m'imprègne de lumière, le ciel chante pour moi toutes ses harmonies. Voilà ce que je ressentis en la voyant: ne trouvez-vous pas que ce soit un beau rêve? Eh bien! c'est devenu une réalité, dont le seul ressouvenir gonfle mon cœur, et caresse mes veines par mille frissons délicieux. Autrefois je n'avais pas cela, je ne connaisssais pas l'existence. Pourquoi lutterais-je contre cet amour? je lui dois une félicité céleste. D'ailleurs, pourrais-je lutter? Ai-je mes forces pour le combat? Êtes-vous bien sûrs que je vous comprenne, quand vous me reprochez ma faiblesse, ou quand vous accueillez mes aveux par des sarcasmes?.. La passion est une folie, on ne raisonne pas avec les fous! Ecoutez-moi sans colère, mais écoutez-moi bien; j'essaie de me traduire à vous, j'y tâche avec le respect, avec la tendresse que je vous ai voués depuis ma naissance. Mais si mes paroles vous surprennent, si tant d'audace vous choque, ne les imputez pas au Didier que vous avez connu : ce n'est pas à lui que s'adresseraient vos plaintes, ce n'est plus son cœur qui bat dans ma poitrine, c'en est un autre dont je ne comprends pas la nature, dont je ne sais plus calculer les battements. Ma raison est absente, mon âme est là-bas. Ce qui fût ma pensée est maintenant une image que je contemple incessamment au-dedans de moi-même. Elle me sourit, je lui réponds, elle m'appelle, je la suis ; si c'est dans la vie, je vivrai ; si c'est dans la mort, je mourrai. Vous voyez bien que la raillerie serait inutile, je subis mon sort, je ne le discute pas.

Il s'était levé pour épancher plus librement le flot tumultueux soulevé de son cœur à ses lèvres. Il se rassit soudain, épuisé, livide, et dans ses yeux hagards brilla funèbrement la seule étincelle de vie qui survécût en cette cendre glacée.

Le morne silence des deux frères éperdus témoigna que, cette fois, ils avaient tout à fait compris.

VI

Une semblable discussion entre frères équivaut à un rude combat. Tous trois avaient usé leurs forces et sentaient le besoin d'une trêve.

Les deux aînés engagèrent Didier à

prendre du repos, et le conduisirent à sa chambre sans manifester ni regret, ni colère. Eux-mêmes ne se rendaient compte qu'imparfaitement de leur impression. La nuit s'avançait, apportant, comme toujours, la sollicitude rafraîchissante, les généreuses pensées, les sages conseils.

Didier demeura seul, effrayé à la fois et satisfait d'avoir vengé ses blessures. Robert et Henri restèrent assez longtemps dans l'ombre du corridor à surveiller les premiers mouvements de cet esprit exalté. Muets, anxieux, ils ne se rassurèrent qu'au retour du valet de Didier. Ce garçon raconta qu'il venait de mettre au lit son jeune maître. Alors les deux aînés, qui jusque-là n'avaient pas échangé une parole, entrèrent chez eux à leur tour. Robert se contenta de dire à Henri qu'il leur fallait essayer de dormir; Henri comprit que dormir signifiait réfléchir, et il obéit.

Le lendemain, si matinals qu'ils eussent été, Didier l'avait été plus qu'eux. Car ils le virent tête nue se promener dans le parterre, alors que pour la première fois ils levaient l'un et l'autre le rideau de leur fenêtre. Didier, encore pâle et les yeux ombrés d'un cercle violacé, marchait le front haut, les mains libres, vêtu comme autrefois, c'est-à-dire sans arrière-pensées ; il semblait dire : — je ne sortirai pas ce matin.

Robert et Henri remarquèrent ce détail qui leur parut de bon augure ; ils se réunirent chez Robert pendant une demi-heure pour mettre en commun les réflexions de la nuit ; ils s'avouèrent avec épouvante que la situation les débordait, qu'un caractère si énergiquement dessiné demandait les plus habiles ménagements. L'invasion soudaine de la passion dans un cœur disposé à l'incendie eût sans doute nécessité des mesures radicales, mais Didier l'avait dit, après le délire, le désespoir. Pour le présent, rien à faire que d'observer et de gagner du temps.

A la suite de ce conciliabule, les aînés descendirent. Didier, sans paraître les attendre, circuitait d'un pas égal, avec sang froid, sur les pelouses. Son calme annonçait une résolution inébranlable. Lorsqu'il vit venir à lui ses frères, il ne changea point d'attitude. Comme le champion après le signal, il se tenait sur la défensive, décidé à ne point attaquer, à ne pas reculer. Ce fut le plan que Robert lut en caractères éclatants dans son regard clair et fixe, sur ses lèvres blanches et serrées. Toutefois, il venait audevant de son frère aîné presque aussi familièrement que d'habitude, et sa contrainte se révélait seulement par une nuance plus accusée de respect.

Robert, arrivé près du lionceau qu'il voulait dompter, débuta par une caresse. Il lui ouvrit les bras, et Didier, qui, la veille encore, s'y fût précipité avec une effusion sans réserve, rendu défiant par le choc qui l'avait meurtri, ne reçut l'accolade qu'avec déférence, et la rembourssa d'un profond salut.

Henri peut-être, eût imité Robert; mais, embarrassé par le coup d'œil scrutateur du jeune homme, il se contenta de lui serrer la main, et l'allée dans laquelle ils entraient se trouvant être plus étroite, il marcha derrière l'aîné qui tenait toujours son bras autour du cou de Didier. Ce dernier comprit qu'une nouvelle action allait s'engager dans laquelle on lui ménageait naturellement un désavantage quelconque. Il avait fait déjà la part du feu.

— Eh bien! mon frère, dit Robert le premier, avez-vous pu dormir?

— Non, mon frère, répliqua Didier.

— Vous aurez beaucoup pensé, cher enfant?

— Beaucoup, dit froidement le jeune homme.

Robert avait peut-être espéré une résipiscence. Le ton sur lequel ces deux syllabes furent répondues, leur accentuation brève et sèche comme le ressort d'un mousquet qu'on arme, démontrèrent à l'aîné que son interlocuteur était resté adversaire. Aussitôt, rendu par ce froid contact au sentiment de sa dignité, un peu honteux de ses avances si mal accueillies, il ôta lentement sa main de l'épaule de Didier, et s'arrêtant au milieu de la promenade commencée :

— Je pense que nous aurons une belle journée ; n'est-ce pas votre avis ? dit-il à Henri qui le rejoignit aussitôt.

Un pli imperceptible, l'ébauche d'un sourire amer parut et s'effaça au coin des lèvres de Didier. Il avait dérouté l'attaque. On levait le siége ; il respira.

Robert prenant Henri à son tour par le même geste affectueux dont naguère il caressait le frère rebelle :

— On chasserait bien un renard par ce beau froid sec; qu'en dites-vous, compagnon?

—A vos ordres, s'écria Henri. Préviendrai-je le garde ?

— S'il vous plaît, dit Robert.

Puis, voyant l'empressement amical du second, l'immobilité morne du troisième, symptôme menaçant qui l'alarma:

— Pardonnez mon caprice, Henri, s'écria-t-il soudain, j'oublie que je suis brisé, malade. Je ne saurais endurer le cheval aujourd'hui.

Du coin de l'œil il guettait Didier pour surprendre au moins en lui un regret de ce malaise dont il pouvait à bon droit se croire la cause. L'enfant mutin ne s'attendrit pas. Il demeura farouche et insensible comme un marbre. Souffrirait-il assez pour ne pas sentir la souffrance d'autrui?

Robert, indigné de ce nouvel échec, se hâta de dire à Henri qu'il comptait sur sa bonne compagnie tout le jour. Quant à Didier, sans le regarder davantage, il lui jeta ces mots glacés:

— Que je n'interrompe point votre promenade.

Et il partit au bras de l'autre frère.

Tous deux supposaient bien que cette superbe attitude de Didier présageait une sortie dans la journée. Il n'en fut rien. Le jeune homme assista aux repas, en prit sa part sans affecter ni triomphe ni tristesse. Il lut un peu dans sa chambre, mais il se promena la plus grande partie du jour. Sans cesse en vue de la maison, répondant librement quand on lui adressait la parole, n'évitant, ne cherchant personne, somme toute, malgré ses airs décidés du matin, il semblait avoir inauguré un système de concessions. Le soir vint sans qu'il eût parlé de sortir.

— S'il se contente de bouder un peu,

et qu'il fasse ce que nous désirons — pensèrent les aînés — laissons-le bouder à l'aise. Son humeur passera ; le bénéfice nous restera.

Pendant la soirée, on causa comme à l'ordinaire. A part une légère fraîcheur dans les relations et certain phébus dans le langage, Didier fut bien. Henri lui proposa une partie de trictrac qui, acceptée civilement, fut très-consciencieusement jouée. Robert regardait les coups, du côté d'Henri. On atteignit de la sorte l'heure habituelle de la retraite.

Plus Didier paraissait se soumettre — hélas! la nature humaine est ainsi, et souvent la bonne nature — plus Robert se drapait dans sa majesté pour faire payer au vaincu sa délaité. Au fond du cœur, il tressaillait de tendresse et de joie. Le petit frère, son flambleau à la main, vint saluer respectueusement les aînés qui prirent leur revanche du matin par une froideur du même degré.

L'enfant parti dans sa chambre, Robert et Henri se trouvèrent moins à plaindre qu'ils n'avaient craint de l'être. Ils firent force plans pour l'avenir; ils en revinrent toujours à l'indulgence, car ils étaient bons, délicats et pleins d'affection pour cet écolier trop précoce. Déjà ils se voyaient maîtres du lionceau apprivoisé, le forçant à déplorer ses aspirations à l'indépendance virile. Que si, par trop de soumission, cet enfant se rendait malheureux, et, cœur aimant, se consumait dans un amour défendu, on verrait, on s'informerait de cette jeune fille. Les Sillery étaient grands gentilshommes, mais, enfin, la distance n'était pas infranchissable, d'un Montvalat à la pensionnaire, parente indirecte sans doute. car M. de Sillery n'avait ni fille ni nièce. Et puis, sans aucun doute, les choses n'iraient point jusque-là. Ces deux messieurs avaient des théories infaillibles sur l'amour.

Ils s'endormirent doucement dans de si complaisantes pensées. Et la nuit, même entière, ne leur eût pas paru longue, tant leur sommeil s'annonçait tranquille et bienfaisant.

Mais vers le milieu de cette nuit, Robert entendit gratter à sa porte. Une voix l'appelait :

— Monsieur le marquis, c'est moi, Adrien.

Robert alla ouvrir. Il vit son piqueur à moitié vêtu, quelque peu troublé, qui d'une main se grattait l'oreille, et de l'autre fort tremblante, mal assurée, secouait plutôt qu'il ne tenait sa vaste lanterne, dont les rayons éblouirent M. de Mantvalat.

— Qu'y a-t-il Adrien, pourquoi me réveiller ainsi ?

Cet homme raconta que M. Didier venait de descendre à l'écurie, avait sellé un cheval, croyant n'être ni vu ni entendu, tant il marchait avec précaution, et observait de faire passer l'animal sur la paille ; alors il s'était ouvert à petit bruit la porte basse fermée seulement au loquet ; enfin il était sorti.

Comment ! s'écria Robert stupéfait, sorti ! Quelle heure est-il donc ?

— Tantôt une heure du matin, monsieur le marquis.

— Et tu l'as laissé sortir... malheureux !

Un large ébahissement du piqueur apprit à Robert que ce brave homme n'eût jamais pris sur lui la responsabilité d'une pareille consigne.

— Il a raison, pensa le maître. — Réveille M. Henri, ajouta-t-il, prie-le de ma part de passer chez moi.

Le digne Adrien attendait un remercîment, peut-être même une explication quelconque.

— C'est bien à toi de m'avoir prévenu, dit le marquis. M. Didier est un étourdi, et toi tu es un brave homme.

Adrien satisfait courut s'acquitter de sa commission.

Mais, avant qu'Henri fût habillé, Robert

tout éperonné, entrait dans sa chambre.

— Bottez-vous, mon frère, dit-il.—Toi, Adrien, selle-nous deux chevaux. Vous pensez comme moi, n'est-ce pas, Henri ? Ce drôle de Didier nous a joués : il est parti pour faire quelque nouvelle folie. Oh ! il me la paiera ! Qui sait s'il ne se fera pas rompre le cou ? Vous savez qu'on l'espionne. Qui sait s'il ne tombera pas dans quelque piége infâme ? Maudit soit ce caractère traître et indiscipliné !

— Ayez pitié de lui, au nom de notre mère ! dit Henri d'une voix émue. Cependant il ne le mérite pas, j'en conviens, le sournois ! Qu'est-il allé faire ? Où est-il allé ?

— Eh ! pardieu ! mon frère, ce petit serpent nous a menti avec ses pudibonderies et ses bergerades ; il a pris ou donné quelque rendez-vous d'amourette : ne le voyez-vous pas clairement par son départ?

— Un rendez-vous chez M. de Sillery !

— Pourquoi non ?

— Il peut nous avoir donné le change sur la maison comme sur la maîtresse. C'est autre part qu'il sera allé.

— Non, Henri. Sous peine d'être convaincu de mensonge au cas où nous le ferions suivre, il a dû déclarer sincèrement le lieu de ses exploits amoureux.

Et puis, dans le premier moment de surprise, il n'a pas eu le temps de mentir; j'en répondrais. Partons!

— Le rattraperons-nous, seulement?

— Oh! je brûle d'une colère que mon cheval comprendra, je vous le jure, s'écria le jeune homme en tordant son fouet dans ses doigts nerveux. Ah! prenez vos pistolets; bien! et votre épée!

Une heure après, MM. de Montvalat, bien armés, bien montés, arpentaient rapidement la route, se dirigeant, non sans peine, malgré leur parfaite connaissance des bois, vers la maison si chère à Didier, de qui, parfois, au clair d'une lune avare, ils relevaient les traces fraîches encore dans le sable.

VII

On touchait à la fin de l'automne. Un vent sec chassait et ramenait, comme les flots d'une marée montante, des tour billons de feuilles mortes. Parfois, au passage de gros nuages bistrés, l'obscurité la plus opaque enveloppait nos voyageurs, et, sous la couche de feuilles qui recouvrait la route, ils ne trouvaient plus, aux endroits incertains, les pas du cheval de Didier.

Cette recherche prolongeait pour eux les angoisses de leur expédition. Ils regrettèrent plus d'une fois de n'avoir pas emmené leur piqueur, dont le fallot eût remplacé les astres obstinément voilés de cette nuit funeste.

L'oreille au guet, mettant à chaque instant pied à terre, ils perdirent un temps précieux. La fureur concentrée de Robert dégénérait en spasmes qui ébranlaient ses membres, et l'on entendait ses dents grincer comme dans la fièvre. Le patient Henri, exaspéré lui-même par les obstacles, déployait une activité voisine de la rage, car pour la quatrième fois il venait de perdre au coin d'un carrefour la piste du fugitif.

Tandis que de concert ils maudissaient Didier, honteux l'un et l'autre, ivres de dépit, furieux contre l'ombre, la tourmente et leur impuissance, ils entendirent dans l'une des routes aboutissant à ce carrefour un bruit qui n'était ni le vent, ni le sifflement des feuilles, ni aucun de ces murmures mystérieux des grandes forêts, où les arbres s'entrechoquent, où les cerfs brament, où le hibou hulule, où les vieux sangliers rôdant par les gaulis se heurtent aux troncs sonores, harmonies multiples que le vent résume en une monotone voix, intelligible dans chacun de ses détails pour l'oreille exercée et attentive.

Les deux frères en furent frappés en même temps; le bruit grandissait, il approchait.

— Un cheval, murmura Robert.

— Un cheval emporté sans doute, répliqua Henri, car il court frénétiquement.

— Il vient, dit Robert, il vient; écoutez, oui.

— Dans cette allée, ajouta Henri, il arrive comme la foudre.

— Assurément il a démonté son cavalier.

— Assurément... Ah mon Dieu! quelle idée!

— Si c'était le cheval de Didier.... N'est-ce pas ce que vous voulez dire?

— Malheur, malheur, sur ce malheureux enfant qui n'a pas songé aux tortures qu'il nous fait subir!

Cependant s'approchait ce cheval, ou plutôt cette tempête ailée; ses pieds frappaient la terre d'un roulement retentissant; on entendait gronder le souffle dans ses flancs gonflés; deux jets de vapeur brûlante sifflaient en jaillissant de ses naseaux et illuminaient pour ainsi dire les ténèbres de leurs traînées phosphorescentes.

Encore quelques secondes, et l'animal aurait passé devant eux. Avides, épouvantés, ils se demandaient s'il ne fallait pas lui barrer la route ou seulement s'assurer à son passage que c'était bien le cheval de leur frère et que le cavalier manquait. Mais soudain, comme pour répondre à leur question muette, un petit cri humain se fit entendre, un de ces rauques stimulants, plus aigre que le fouet, plus déchirant que l'éperon, qui enleva l'animal éperdu et précipita encore sa course furibonde.

Un cavalier guidait le cheval. Henri et Robert distinguèrent un moment son ombre courbée sur le cou de la noble bête; en vain crièrent-ils : — Didier! Didier !... en vain, se montrant, les bras étendus, essayèrent-ils de se faire reconnaître et d'arrêter l'élan de ce météore insensé, leurs cris, leurs gestes, se perdirent dans la poussière et dans l'écho de la trombe qui passa en grondant devant eux.

Mais tout-à-coup un silence. Le cheval s'est abattu à vingt toises des deux frères. Le cavalier a roulé par-dessus sa tête ; Robert et Henri s'élancent, le cœur navré. Infailliblement, dans cette chute effroyable, l'homme et le cheval ont dû s'écraser tous deux.

— Ah ! malheureux ! crient-ils, malheureux.

Et ils s'empressent pour porter secours à l'infortuné, qu'ils croient encore être leur frère.

— Le premier qui me touche est mort ! répond une voix qui n'a rien d'humain, une voix sans haleine et brisée par l'agonie.

— Ce n'est pas Didier, s'écrie Robert en s'approchant, malgré la menace d'un pistolet soulevé par une main défaillante.

— Montvalat! murmura la voix éteinte...

— C'est Clermont! s'écrièrent les deux frères en soulevant dans leurs bras ce corps inanimé.

Mais vainement s'efforcent-ils de relever leur ami qu'ils réchauffent et embrassent. Le page de Conti a perdu connaissance, peut-être même a-t-il perdu la vie. Ses yeux sont fermés; de son front déchiré sur un caillou, le sang coule abondamment; affaissé sur lui-même il plie comme un cadavre dans les bras de ses amis au désespoir. Le cheval, plus heureux que son maître, ne gémit plus, ne souffre plus; s'il est tombé, c'est qu'il était mort.

Mais tandis que MM. de Montvalat étanchent le sang et adossent Clermont à un arbre, ils ont tout oublié; Didier s'est effacé de leur pensée. Ce qu'ils se demandent, c'est qu'ils sauveront leur ami; ce qui les inquiète, c'est cette arrivée si soudaine, si mystérieuse du page que tout le monde croit en Hongrie, c'est enfin l'ardeur délirante avec laquelleil poussait son cheval, comme si la forêt n'était pas sûre, comme si quelque démon eût sauté en croupe derrière lui.

Mais cette nuit fatale couve encore

d'autres malheurs. Robert et Henri frissonnent tout à coup d'une terreur superstitieuse; car derrière leur groupe ainsi disposé sur le bord du chemin un nouveau bruit se fait entendre. Des cavaliers haletants, précédés de porte-flambeaux, semblent chercher avidement les traces du page. Ils arrivent, ils entourent les deux frères, dont les chevaux, libres à quelques pas, leur ont dénoncé la présence.

— Secours! secours! dit Robert en les voyant. Ce malheureux va mourir.

La troupe se composait de cinq archers, précédés par un capitaine. Tous mettent pied à terre.

— C'est lui! nous le tenons enfin, dit le chef en reconnaissant à la lueur des flambeaux le visage livide et ensanglanté de Clermont.—Qui êtes-vous, messieurs. ajouta-t-il en repoussant les deux frères avec défiance. Oui, qui êtes-vous, et comment vous trouvez-vous ici avec ce cavalier à pareille heure?

Un des archers, s'approchant de l'oreille du chef, lui murmure bien bas à l'oreille le nom de MM. de Montvalat qu'il a reconnus.

— Ah! s'écrie le capitaine, ce n'est plus étonnant. Bien! bien! c'était un rendez-vous. Qu'on les désarme? qu'on surveille tous leurs mouvements! Quant à nous, fouillons ce jeune homme, les papiers doivent être dans son pourpoint. Allons!

— Nous désarmer! fouiller Clermont! mais vous êtes donc des voleurs! s'écria Robert. Nos armes, vous ne les aurez pas, et, si vous touchez ce malheureux, prenez garde! Sachez que c'est un page de M. le prince de Conti.

En parlant ainsi, en se précipitant vers leur ami malgré les archers qui les avaient entourés, MM. de Montvalat venaient de jeter le désordre dans la troupe et de dégager Clermont toujours sans mouvement au pied de l'arbre. Mais alors le chef de l'expédition jugea prudent de composer avec ses deux adversaires.

—Et vous, leur dit-il, sachez que nous agissons au nom du roi. Sachez que ce jeune homme est poursuivi depuis la frontière, et qu'il a échappé à trois lignes d'agents apostés pour l'arrêter. Il est porteur d'une correspondance criminelle pour certaine personne suspecte du voisinage, et nous avons ordre de saisir cette correspondance à tout prix. Quant à vous, messieurs de Montvalat, depuis un mois nous vous surveillons aussi tous trois, et pour cause. Résisterez-vous, ferez-vous rébellion? En ce cas, vous êtes complices du crime dont nous recherchons les preuves. Décidez-vous promptement, car nous sommes pressés. Le roi commande. Êtes-vous pour lui ou contre lui?

Le silence de Robert, son hésitation dans cette terrible conjoncture, firent voir aux archers que l'argument avait porté coup. Ils s'élancèrent sur leur proie; déjà ils étendaient vers Clermont leurs mains avides, ils le touchaient.

Mais aussitôt de ce coin sombre se releva le prétendu cadavre; une flamme rouge, une explosien, jaillirent de sa main. Le plus entreprenant des archers, le chef bondit en arrière, la cervelle traversée d'un coup de pistolet.

Clermont, soulagé par la perte de son sang, refroidi par le vent et la rosée, avait repris connaissance pendant la discussion, peu à peu il se recueillait, il écoutait, et décidé à mourir plutôt que de livrer ce qu'on lui voulait prendre, il provoquait ainsi ses ennemis à un combat désespéré.

Traversant jusqu'à ses deux amis, dans le premier moment de stupeur qui suivit son attaque, et pendant que les archers relevaient leur compagnon :

— Robert, Henri, si vous ne m'aidez pas, dit-il, si ces lettres sont prises, la princesse de Conti est perdue, et moi je suis déshonoré !

— Jetez-les dans un buisson, glissa Henri à son oreille.

— Impossible, répartit Clermont, elles sont cousues dans ma ceinture; il faut que je meure ici. Par grâce, mes amis, par pitié, ne leur laissez pas mon cadavre! Secourez-moi!

— Contre le roi! murmura Henri. Oh! Didier, misérable Didier! pourquoi nous as-tu conduits ici?

— Eh! ce n'est pas Didier qui nous perd, c'est la fatalité, interrompit M. de Montvalat, mais qu'importe! avant tout l'honneur! Soyez tranquille, monsieur de Clermont, nous ne vous abandonnerons pas. Prenez mon cheval et fuyez, nous arrêterons ici ces quatre hommes!

En même temps il soulevait le page dans ses bras vigoureux, et le plaçait en selle. Les archers comprirent. Les uns se précipitèrent sur le petit groupe pour lui barrer le passage, les autres, plus avisés, montèrent eux-mêmes à cheval. Mais Clermont, ranimé, avait déjà tourné bride et passé sur le ventre aux archers à pied. Des deux pistolets de Robert il abattit deux chevaux qui commençaient à le serrer de près. Les archers furieux, firent feu à leur tour. On vit, dans la fumée, Clermont continuer sa route sain et sauf, mais Robert était tombé. Henri se précipita sur le corps de son frère en poussant des cris déchirants.

VIII

Didier, libre enfin, savourait sa liberté avec une joie sauvage. Il aimait cette nuit noire ; il buvait à longs traits ce vent aux froides rafales. Sa fièvre, irritée par vingt-quatre heures de contrainte, se résolut en soupirs de béatitude lorsqu'il arriva en face de la maison qui renfermait son trésor, lorsqu'il prit possession, comme à l'ordinaire, de son banc, vieille arche de pont en ruines, masquée par des saules et des lierres, d'où l'on apercevait, par-delà le grand chemin, les fenêtres de l'inconnue.

O jeunesse! ô poésie saintement absurde des premières amours! quelle réalité de délices égalera jamais vos chimériques voluptés! Lequel courra plus avide au rendez-vous, de l'amant qui adore la porte ou de l'amant qui en a la clef? Lequel des deux reviendra plus triomphant?

Oui, c'était pour ce recoin mystérieux que Didier, depuis un mois, quittait chaque jour ses frères et qu'il eût quitté le monde; c'était pour étudier pendant de longues heures une apparition de cette divinité, pour observer un de ses mouvements, pour deviner le jeu de son ombre. Pendant toute une semaine elle ne paraissait pas; la maison semblait morte. Tout-à-coup on la voyait à la fenêtre, s'accoudant au balcon : alors un soleil surnaturel, un astre inconnu, celui du paradis des anges, transfigurait soudain le ciel et la terre. Didier voyait, il aspirait, il s'enivrait. Si l'idole descendait sur la terrasse des grands tilleuls pour s'y promener accompagnée, Didier ne remuait pas ; caché comme un insecte dans son feuillage, il se réchauffait aux rayons de l'astre d'or, il faisait de loin sa provision de bonheur. L'inconnue se promenait-elle seule, Didier, plus hardi, allait prendre son cheval attaché dans le bois voisin ; il se promenait aussi, lui, sur la route, devant cette terrasse, n'osant pas regarder, mais palpitant de la certitude d'être vu. Il passait bien loin, puis revenait, puis repassait encore, et ces témérités inouïes noyaient son cœur d'épouvante et d'ivresse.

Tel avait été, disons-nous, l'emploi de toutes ses journées, et quand il s'échappa dans cette nuit de tourmente, imprévoyant des catastrophes qu'il allait causer, Didier n'espérait même pas le stérile bonheur d'apercevoir une fenêtre, un rideau ou une ombre. L'obscurité était trop profonde, les volets trop bien fermés. Tout dormait à cette heure. Mais il respirerait l'air qui caressait cette maison chérie, il mêlerait son souffle aux murmures magiques qui berçaient le doux sommeil de la bien-aimée. Et puis, comme les ambitions grandissent chez les amoureux comme chez l'avare, Didier méditait un grand projet réalisable cette nuit même, si la tempête propice voulait lui prêter son fracas et ses ténèbres.

La jeune fille avait, quelques jours avant, dans sa promenade, cueilli, puis effeuillé, des chrysanthèmes sur la terrasse. Ces précieux débris devaient être là, jonchant le sol. Didier les sentait sans les voir, il les eût trouvés les yeux fermés. Quelle belle entreprise au plus fort de l'orage, contre les tourbillons du vent et l'effort de toute la nature; quelle volupté de pénétrer sur cette terrasse redoutable; non pour les vulgaires aventures auxquelles le prosaïque Henri avait fait allusion, mais pour la conquête d'une si suave relique! Quels délices de saisir la fleur qu'elle avait touchée et de baiser le balustre de pierre à l'endroit où ses deux bras s'étaient posés!

Pour cette âme de salpêtre, le désir, c'était l'étincelle, c'est-à-dire l'explosion. Le moment est favorable. Un nuage immense enveloppe et confond ciel et terre. Les éléments sont déchaînés, Didier s'élance de sa cachette, il escalade l'angle de la muraille, là où des cavités ménagées dans la pierre laissent un passage aux eaux de pluie. En quelques bonds il atteint le faîte, il embrasse un arbre, il est arrivé.

Soudain le vent apporte à son oreille l'écho affaibli d'une détonation lointaine.

Quelque braconnier, sans doute, à l'affût dans la forêt. Pauvre homme, que risque-t-il? son coup de feu va se perdre dans la grande voix des rafales. Qu'il fasse bonne chasse ; qu'il soit heureux, ce n'est pas Didier qui le dénoncera.

Il s'avance courbé, retenant son haleine, vers l'extrémité de la terrasse, à l'endroit où la jeune fille a égrené ses fleurs. Mais voilà encore des coups de feu au loin, trois, quatre, cinq explosions.

Les forestiers faisaient donc bonne garde. Pauvre braconnier! Ah! tout le monde ne peut pas être heureux.

Didier palpe et saisit les chrysanthèmes flétris. Ce sont bien eux, c'est-à-dire c'est bien elle; il remercie Dieu qui a laissé tomber de telles félicités sur la terre. Désormais l'amour ne sera plus vague; l'amant ne sera plus seul; ces fleurs représentent une volupté pour chacun de ses sens. Maintenant il les touche, au jour il les verra; sur leurs tiges rompues, sur leurs pétales mutilés il reconnaîtra l'empreinte des doigts adorés qui les meurtrirent. Ce parfum âpre et balsamique de la pâle fleur d'automne éveillera en lui toute idée d'amour et de beauté. Le chrysanthème sera sa fleur, il a son secret. Et vous qui pouvez dormir quand Didier vous aime, vous que vos rêves n'avertissent point de sa présence, désormais, malgré vous, il possède une part de vous.

Certes, ce n'est pas après un tel succès, au sein d'un pareil bonheur, qu'il y aurait place pour le regret d'hier, pour l'inquiétude de demain. L'enfant ingrat n'a plus de famille, plus de mémoire ; tout l'univers est pour lui dans ce sol qu'il foule, dans ces murs qui blanchissent vaguement au crépuscule. Qu'une fenêtre s'illumine, qu'une ombre s'y encadre, Didier va se prosterner, non plus devant Dieu, mais devant l'idole. Car ces fleurs sont magiques, leur sève est un philtre : qui sait si elles ne feront pas un prodige ? effaçant le passé, pourquoi n'évoqueraïent-elles pas l'avenir.

Le prodige, le voilà. Il s'annonce par une sourde rumeur qui se mêle aux bruits de l'ouragan. On dirait des voix étouffées auxquelles des soupirs répondent. Si Didier n'était pas assuré de sa raison, s'il n'avait là devant lui cette maison endormie, s'il ne sentait au-dessus de lui, autour de lui, partout la nuit et la solitude, il croirait que la maison s'éveille, il croirait que des pas y retentissent, il croirait que des lumières s'y promènent ; non, non, l'enchantement opère ; ces bruits, ces lueurs, ces frémissements, c'est le vertige qui éblouit Didier, c'est la peur, réaction naturelle d'un excès d'audace, c'est le cœur qui étouffe après un excès de bonheur.

Mais oui, grand Dieu! on a marché dans l'avenue qui conduit du parc à la maison. Oui, l'on a parlé; tout s'allume aux parois latérales, les fenêtres s'ouvrent à grand bruit, les portes crient, un concert de voix empressées, haletantes, est suivi d'un tumulte de gens qui descendent, qui montent, qui courent dans les vestibules; on selle des chevaux, on s'arme, on part. Tout ce désordre éclate et flamboie en une minute avant que Didier foudroyé ait eu le temps de s'assurer s'il rêve ou s'il est fou.

Cependant, lorsque le doute n'est plus permis, tandis que l'ombre enveloppe encore la terrasse, et que les effets d'une alarme si étrange ne se sont pas produits encore dans cette partie écartée de la maison, le jeune homme se décide à fuir. Ses genoux tremblent, le sol lui paraît manquer comme un sable mouvant, ses regards vacillants accusent l'incertitude de ses résolutions, mais pourtant il avance vers l'angle qui a favorisé son escalade et protégera de même son évasion.

Au même instant une longue traînée de lumière court en avant de lui et accuse démesurément son ombre sur la terrasse resplendissante. Il s'arrête, effaré, il se retourne : une grande et large fenêtre vient de s'ouvrir de plain pied avec le sol. Il n'a que le temps de se jeter derrière un arbre. Une femme s'élance au balcon, vêtue à la hâte, et roulant ses cheveux d'une main mal assurée. Elle répond à peine à diverses personnes qui sont entrées avec des flambeaux dans son appartement comme pour lui apporter quelque grande nouvelle. Elle repousse des femmes qui achèvent de l'habiller. Le cœur de Didier bat à s'échapper de sa poitrine : c'est l'inconnue, c'est l'idole, belle et touchante en ce désordre comme jamais poète ne pût rêver Vénus blessée ou Armide en larmes.

Pendant qu'elle écoute avidement au-dehors et interroge les ténèbres, une voix partie du fonds des appartements, une voix qui remue Didier jusqu'aux entrailles, appelle tout-à-coup, lamentable et énergique à la fois :

— Madame la princesse! madame la princesse!

L'inconnue se retourne, court à la rencontre de celui qui a poussé ce cri.

— Clermont! dit-elle, mon pauvre Clermont!

Et Didier, pâle d'horreur, aperçoit son ami, le page de Conti, effaré, inondé de sueur et de sang, qui tombe à genoux devant cette femme en murmurant avec un doux sourire :

—J'ai voulu mourir aux pieds de Votre Altesse Royale pour lui dire que la lettre de Monseigneur est sauvée.

Un nuage passa sur les yeux de Didier; cette divinité, cette jeune fille, toute sa félicité, toute sa vie, c'était la princesse de Conti, la femme d'un prince du sang, la fille du roi!

— Non, vous ne mourrez pas, s'écria la princesse en relevant le page, que des mains empressées comblaient de soins auxquels il s'arrachait avec désespoir.

— Oh! je le veux, madame! il le faut,

dit Clermont : car ces coups de feu qui m'ont épargné sur la route ont frappé mes généreux défenseurs ; j'ai entendu leurs cris douloureux après le sifflement des balles. Eux, que je rencontrais par hasard ; eux, qui pouvaient me laisser mourir, ils sont blessés pour moi, morts peut-être!... Non, je ne survivrai pas à MM. de Montvalat!

A ce nom foudroyant, Didier, frappé déjà d'un premier coup si terrible, se releva, hagard, les cheveux dressés, se cramponnant, pour rester debout, à l'arbre qui l'enveloppait de son ombre.

— Les voilà, les voilà, on les amène ici ! s'écria un officier accouru près de la princesse; un seul est atteint, Dieu merci! l'autre est sauf.

Clermont, les assistants, coururent à la rencontre du blessé; la princesse elle-même voulut descendre dans la cour pour recevoir le funèbre cortége.

Quand Didier, du haut de la terrasse, aperçut de loin les flambeaux et les torches défilant lentement dans l'avenue, lorsqu'il put distinguer, sur le lit de douleur qu'on apportait, un corps ou plutôt un cadavre inanimé, le cœur lui bondit jusqu'à la gorge, il s'élança par-dessus le balustre, tomba dans un fourré dont les broussailles, en se brisant, le criblèrent de blessures; il vola comme un forcené jusqu'à la grille sous laquelle passait en ce moment Robert, son frère aîné, livide, sanglant et les yeux fermés. Debout près du blessé marchait Henri épuisé de larmes, une main de Robert dans les siennes. Il aperçut tout-à-coup Didier.

— Vous voyez votre ouvrage, lui dit-il en l'écartant avec une sombre colère. Sans vous, notre frère vivrait, et, grâce à vous, il va mourir. Mais qu'importe! chevalier de Montvalat, retournez à vos amours!

Didier se tordit les mains en silence; ses yeux arides cherchèrent Dieu dans le ciel pour le prendre à témoin de ce qu'il souffrait et faire un suprême appel à sa miséricorde. Cependant le triste cortége entra au château; Didier resta seul, anéanti, méditant un châtiment digne du crime; on eût dit qu'il espérait la foudre.

Mais bientôt, s'agenouillant devant une dalle tachée du sang de son frère :

— Dieu juste, dit-il d'une voix ferme, Dieu tout puissant! recevez le serment que je fais de n'aimer plus rien que vous en ce monde! Sauvez la vie de mon frère, et je me consacre uniquement à vous jusqu'à mon dernier jour!

De cette place où venait de prier un enfant, se releva un vieillard, mort à jamais aux joies de la terre. Dieu l'entendit et lui pardonna, sans doute, — il avait tant aimé !

IX

Plusieurs années après cet épisode qu'on pourrait appeler le prologue de notre histoire, la fortune avait soufflé sur toute cette jeunesse fatiguée du calme plat de la cour, et les événements si impatiemment souhaités n'avaient manqué ni à l'Europe ni à Versailles.

La princesse de Conti devenue veuve à dix-huit ans; les deux autres filles du roi et de la Montespan mariées, l'une au duc de Bourbon, petit-fils du grand Condé, l'autre au duc de Chartres, neveu du roi; l'édit de Nantes révoqué; la ligue d'Augsbourg déchaînant sur la France seule tout l'empire, la Suède, l'Espagne, la Hollande et la Savoie; le grand Condé mort; la couronne d'Angleterre tombée sur le front de l'irréconciliable Guillaume d'Orange; Louvois foudroyé en quelques minutes; les victoires de Fleurus, Staffarde, Steinkerque, Nerwinde et la Marsaille, immortalisant et décimant la France; le maréchal de Luxembourg emporté avec la fortune du royaume, telles furent les distractions que la destinée offrit à ces jeunes ambitieux qui trouvaient d'abord la vie trop monotone.

Quant à Versailles, il n'avait pas changé. Le roi n'était qu'un peu plus vieux; madame de Maintenon n'était qu'un peu plus vieille. Leur férule n'était qu'un peu plus lourde à des écoliers devenus hommes. Les princes et les jeunes gens s'allaient faire tuer à la guerre pour ne pas périr d'ennui.

Pour les princesses et les dames, n'ayant pas cette ressource, elles faisaient de leur mieux, et ce mieux était bien peu de chose.

Qu'on se figure, dans un silence opaque et solennel, une représentation cérémonieuse donnée par des ombres devant une assemblée de vivants, contenus bien moins par le respect que par la peur. Le moindre rire mal étouffé fera scandale, le plus léger mouvement retentira comme un tumulte. Telle était la cour; une scène où les acteurs jouent et recommencent la même pièce; une salle où les spectateurs, pressés de jouer à leur tour, n'osent pas siffler, mais trouvent la pièce trop longue.

Un matin, après la messe et avant le dîner, le roi, fatigué de Versailles, de Trianon et de Marly, las de la guerre et de la paix, des prologues d'opéra et des pamphlets de Hollande, n'ayant pas même la ressource d'aller s'ennuyer chez madame de Maintenon qui était partie pour Saint-Cyr, le roi vit dans le parc des préparatifs de guirlandes, d'illuminations et de feux d'artifice, et se souvint tout-à-coup qu'il approchait de son jour de fête, c'est-à-dire de ses soixante ans, âge auquel un roi même n'est plus jeune, quoi que puissent faire pour le lui persuader la musique et la poésie.

Il s'assombrit. Le temps était maussade, la journée suspecte. Trois audiences menaçaient, demandées en forme par des gens qui, jouissant des grandes entrées, n'avaient qu'à se présenter pour être admis. C'étaient l'allemande Madame, seconde femme de Monsieur, et femme difficile; le duc de Lorraine, un ami douteux qui, ayant perdu son duché, se mourait d'envie de le reprendre, tandis que le roi, pour le garder, essayait de lui faire épouser sa fille, la princesse veuve de M. de Conti; enfin, le duc de Bourbon, un gendre. Ces gendres demandent ou espèrent toujours quelque chose.

Le roi voyait, du coin de l'œil, ces trois personnes qui l'attendaient et tuaient le temps à se faire ou à se rendre des révérences.

Il prit le chemin le plus long pour rentrer dans son cabinet, et, rencontrant le capitaine en quartier, chargé, selon l'usage, de la police militaire de la ville et du château :

— Sait-on, demanda-t-il, quels étaient les gens qui menaient si grand bruit hier au soir derrière les réservoirs ?

— Sire, c'étaient les délégués de la

compagnie des gendarmes-Dauphin, répondit le capitaine.

— Depuis quand MM. les gendarmes se croient-ils autorisés à chanter et à porter des santés si bruyamment et si près de chez moi ?

— Sire, ils avaient l'honneur de boire à M. le prince de Conti. — un peu en souvenir de Steinkerque, dont c'est, je crois, l'anniversaire, — mais surtout à cause de la présence du prince et pour le remercier.

—Ah ! dit le roi très-froidement, M. de Conti était là, buvant avec les gendarmes de Monseigneur?

Il s'arrêta, puis reprit :

— Et on le remerciait... de quoi ? de Steinkerque ? c'est déjà vieux... D'ailleurs, il n'a pas, j'imagine, gagné la bataille à lui seul.

— Non, Sire, MM. les gendarmes témoignaient à S. A. leur satisfaction pour la nomination des deux brigadiers nouveaux qu'il vient d'obtenir pour eux de monseigneur le Dauphin.

— Quels brigadiers ? demanda le roi en relevant la tête.

— MM. Robert et Henri de Mantvalat, incorporés tout récemment aux gendarmes.

Le roi fit un mouvement. Ce nom de Montvalat l'agaçait toujours malgré lui.

— Monsieur le Dauphin, murmura-t-il, peut mettre dans ses gendarmes les brigadiers qu'il voudra, mais tout cela ne justifie pas le bruit qu'ils ont fait. Je ne veux pas de bruit à Versailles; dites-le à qui de droit.

Le capitaine s'inclina.

— De ce pas, Sire, répliqua-t-il, je vais l'annoncer à M. de Clermont.

A ce nom, le roi fit une grimace plus significative encore.

— Pourquoi à Clermont? dit-il.

— Parce que c'est lui, Sire, qui, en sa

qualité d'enseigne des gendarmes, donnait le repas de fête.

— Eh bien! dites-le lui très-ferme, riposta le roi. J'aurais été bien étonné de ne pas voir ce nom-là dans une affaire qui m'est désagréable.

Sur cette sortie, il quitta le capitaine et poursuivit son chemin. A la porte l'attendait le premier exempt du château avec le rapport de la nuit, résumé ordinairement très-perfide et très-redouté que la police particulière du roi lui dressait chaque matin de la conduite de toute la cour pendant les dernières vingt-quatre heures. Ce système d'espionnage, importé d'Espagne par Anne d'Autriche, et d'Italie par Mazarin, avait fait partie dès l'enfance du roi de son éducation politique, et, il faut l'avouer, lui rendait les plus grands services pour discipliner une famille nombreuse, divisée et fort disposée aux empiétements de tout genre.

Le roi déchira l'enveloppe, et tout en marchant se mit à lire, entre autres révélations :

« 4 août. La maison de la rue du Pot-de-Fer, près les Sœurs de la Charité, devant laquelle, une nuit du mois dernier, on avait prétendu voir monseigneur le Dauphin, attendant, ce qui était absurde, appartient à une demoiselle de Choin, fille d'honneur de madame la princesse douairière de Conti. Cette demoiselle de Choin s'y est installée nouvellement. Elle y passe les instants de loisir que lui laisse son service chez madame la princesse. Cette nuit, après onze heures, un homme est entré mystérieusement dans ladite maison d'où il n'est sorti qu'au point du jour. A son habit de nuit, d'une étoffe étrangère, il a été reconnu aussitôt... »

Le roi assez peu intéressé, bien que le document promît mieux encore, interrompit sa lecture en songeant qu'il ferait attendre trop longtemps Madame, personne fort irritable sur les questions d'étiquette, et dont il craignait les boutades tudesques.

Il froissa donc le papier, ajournant la suite, et entra dans son cabinet.

Le roi donnait par fois aux dames leur audience d'une façon singulière. Il s'arrêtait devant la personne qui avait à lui parler, et prêtait une de ses oreilles dans laquelle la réclamation devait être glissée à voix basse, laconiquement et sans aucune pantomime possible, comme au confessionnal. Il était arrivé souvent que deux parties en discussion occupassent à la fois chacune un côté du roi, lequel, avec une dextérité merveilleuse, écoutait et répondait à droite et à gauche sans que l'un des adversaires comprît la réclamation de l'autre ni la réponse faite par le roi.

Il va sans dire que ces audiences trop publiques et trop familières, fort recherchées par les diseuses de rien, étaient l'effroi des plaignantes qui prétendaient à une discussion en règle. Or, dans l'audience *à l'oreille*, elles étaient expédiées en une minute, rarement en deux et toujours avec une solution des plus vagues, en raison de la circonspection commandée par la présence d'un nombreux auditoire.

Le roi s'approcha donc de Madame, l'oreille tendue, pour lui donner une de ces audiences sommaires, mais la digne princesse n'en voulut pas. Elle commença le cérémonial des audiences solennelles, prit sa distance, et obligea le roi à l'écouter en grand. Ce début sembla de très-mauvais augure à S. M. qui, par un salut gracieux, à MM. de Lorraine et de Bourbon, les avertit de se tenir à l'écart. Ils passèrent dans la galerie voisine.

La princesse parlait un français vigoureusement timbré de consonnes germaniques. L'âpreté de sa diction ne s'alliait pas mal à certaine animation de son teint, à certain éclat de ses yeux, qui promettaient à Louis XIV une scène de famille.

Lorsque Madame eut vu les deux princes hors de portée :

— Sire, dit-elle, mon fils, M. le duc de Chartres, a eu l'honneur d'épouser madame votre fille, et ce lui a été certainement un grand honneur.

Ce mot la suffoquait; elle devint pourpre. Le roi se rappelait la rage de Madame à l'occasion de ce mariage avec une bâtarde; il se rappelait l'héroïque soufflet dont elle avait gratifié monsieur son fils le jour où celui-ci donna son consentement. Contre une telle amazone, la susceptibilité eût été dangereuse; il le prit sur un ton conciliant.

— Ce fut une grande joie pour moi, dit-il, ma chère sœur.

— Eh bien! Sire, il faut que la joie soit un peu pour tout le monde, reprit l'irascible Allemande. Madame votre fille ne rend pas mon fils heureux.

Le roi rougit, mais se contint.

— Est-ce possible? dit-il.

— Oui, Sire, M. de Chartres est doux, patient avec les femmes, il est faible même, il tient en cela de Monsieur, qui n'a jamais su repousser une injure.

— Heureusement, madame, interrompit le roi, votre fils n'a pas la même faiblesse avec les hommes. Il est lion de ce côté. Il tient de sa mère.

Madame fit la révérence, mais ne désarma pas pour un compliment. Poussant ses avantages :

— Sire, continua-t-elle intrépidement, madame la duchesse de Chartres est d'un orgueil qui nous blesse tous. Nous sommes aussi de bonne famille et habitués à des égards. Elle en manque. Hier elle a offensé mon fils, et moi particulièrement.

— J'en suis au désespoir, dit le roi : mais êtes-vous bien sûre ?...

— Jugez-en. Mon fils avait été supplié d'assister à une fête donnée en son honneur et en l'honneur de M. de Conti, par les gendarmes-Dauphin.

— Je sais, je sais, interrompit le roi mal-à l'aise.

— A propos de l'anniversaire...

— D'une bataille gagnée. Je sais, je sais.

— De Steinkerque, dit avec éclat la princesse, où mon fils a, dit-on, très-bien fait, en vrai prince du sang!

— Assurément, dit le roi fronçant le sourcil. Eh bien! madame?

— Eh bien! Sire, M. le duc de Chartres était convenu avec M. de Conti d'accepter l'invitation, quand, madame votre fille intervenant, a prétendu que ce serait désobliger Votre Majesté. Mon fils a soutenu le contraire. La duchesse s'est emportée, riant beaucoup de Steinkerque qu'elle appelait la journée des cravates. Elle a naturellement beaucoup d'esprit, madame votre fille, Sire, trop d'esprit.

Le roi, blessé par cette allusion à l'esprit proverbial des Montespan, se renferma dans un de ces froids silences qui désarçonnaient en Europe les plus audacieux harangueurs. Madame passa outre à fond de train.

— Mon fils se fâcha, ajouta-t-elle : la duchesse le traita en écuyer. J'arrivai pour essayer de rétablir la paix, et madame votre fille m'insulta à mon tour en parodiant ma prononciation allemande. C'était me reprocher que je ne suis pas Française. Jour du ciel! non, je ne le suis pas, et je m'applaudis d'être née dans un pays où les enfants respectent leur mère!

— Calmez-vous, calmez-vous, ma sœur, dit le roi en lui prenant les mains. Madame de Chartres est une étourdie, une mauvaise tête, mais son cœur est bon, j'en réponds. Elle vous fera très-humblement ses excuses et les fera d'elle-même.

— Publiques! alors publiques, s'écria la princesse exaspérée, car l'offense a été publique. Il y avait là quelqu'un quand elle nous a traités ainsi, mon fils et moi.

— Qui donc?

— D'abord l'ex-précepteur de mon fils, l'abbé Dubois.

— Ce n'est personne, cela, ma sœur... Ensuite?

— Ensuite le gentilhomme qui venait au nom des gendarmes de M. de Clermont.

Le roi bondit sur cette nouvelle piqûre.

— Lui encore! dit-il, Madame, ne faites pas attention; ce quelqu'un là est aussi sans conséquence, c'est moins que rien. Vous en feriez quelque chose en demandant que notre fille se justifiât devant lui.

Ces gens-là ne doivent nous entendre que quand nous leur faisons l'honneur de leur parler.

Puis, ajoutant à ces civilités diverses autres caresses et promesses qui dégonflèrent peu à peu le cœur de l'Allemande, il la congédia satisfaite à peu près pour cette fois.

— Oh! ces Montespan, sang terrible! murmura-t-il lorsqu'il fut seul. Cette enfant-là me donnera des chagrins.

Le roi pensait avec satisfaction qu'il avait encore deux filles avec lesquelles il serait probablement plus heureux.

Comme pour s'être contenu il se voyait un peu rouge et animé, il voulut employer à se bien remettre quelques minutes entre cette audience fâcheuse et les deux autres dont il était menacé.

Naturellement le rapport inachevé se présenta pour opérer cette transition. Le roi en reprit la lecture à l'endroit où il l'avait interrompue.

— Hum!.... « Choin!.... Cette nuit, passé onze heures... un homme est entré mystérieusement dans ladite maison. A son habit d'étoffe étrangère, il a été reconnu aussitôt pour M. de Clermont. »

— Ah! gronda le roi impatienté par ce nom malencontreux, c'est donc une peste, ce Clermont-là.

Et, le roi frappant du poing sur sa table, l'huissier se figura que c'était le signal pour la reprise des audiences. Il introduisit alors M. le duc de Bourbon, qu'en se retournant le roi trouva au milieu de son cabinet. Et ce n'etait pas une apparition capable de rasseréner un esprit malade.

En effet, le petit-fils du grand Condé ressemblait à un de ces nains effrayants de Paul Véronèse et de Velasquez. Tête énorme, teint safrané, tronc bossu et rabougri, jambes torses; tout cela soudé ensemble par des nodosités formidables. L'œil bilieux, d'un noir-rouge, respirait une audace effrénée que, chez tout autre qu'un si grand prince, on eût appelé l'effronterie du crime. On sentait, sous cette enveloppe, lés violences d'un sang perpétuellement révolté par des obstacles invisibles; dans les anfractuosités de ce moule s'agitait une âme tourmentée, faussée, honteuse, une âme qui eût été celle d'un roi, si le corps eût été celui d'un homme. Malicieux, instruit, d'une intrépidité dangereuse chez un personnage de ce rang, redouté, redoutable, haï presque autant qu'il était ridicule, tel était l'epoux donné par Louis XIV à sa deuxième fille. Aux étrangers, le premier aspect de cette difformité diabolique donnait la fièvre : ses intimes familiers en étaient quittes pour le frisson.

Il est difficile de comprendre comment le roi, si cruel pour ce qu'il appelait les magots de Téniers, avait pu se résoudre à croiser sa race élégante avec ce nain épouvantable. Mais le roman ne discute pas les questions d'Etat. Louis XIV, en apercevant son gendre, se mit à lui sourire avec d'autant plus de bienveillance, qu'il le trouva plus torve et plus sinistre.

— Quelle bonne fortune vous amène si matin? demanda le roi.

— Ma mauvaise fortune, Sire, mon désespoir, répliqua le duc de Bourbon fort ému, soit en réalité, soit pour le besoin de la cause. Je viens déposer une plainte aux pieds du roi, une plainte trop longtemps étouffée, mais que les circonstances rendent obligatoire pour mon repos et ma dignité. Puisse Votre Majesté me pardonner de lui causer cette peine. Il s'agit de madame la duchesse.

— Ma fille?

— Oui, Sire. Ce n'est pas assez de cette humeur caustique dont tout le monde se plaint à la cour, et qui choisit ses victimes jusque dans sa famille, jusque dans son ménage, plus haut encore! N'épargner rien, ni personne, est d'un goût au moins douteux chez une princesse née si près du trône...

— Mon fils, interrompit le roi avec

bonté, soyez indulgent pour votre femme comme je le suis moi-même. Elle chansonne tout le monde, c'est vrai, moi tout le premier; la manie est déplorable, mais non sans remède. J'ajouterai que ces chansons, trop facilement applaudies par les courtisans, ne sont pas toujours d'elle, et on lui en attribue malicieusement les plus méchantes, qu'elle n'eût jamais osé faire. Elle les reniera, je m'y engage. La paix.

Le duc ne se rendit pas aussi facilement que son royal beau-père l'avait espéré.

— Je ne lui reproche pas seulement ses chansons, dit-il, elle a d'autres torts infiniment plus graves... si graves que je rougis au moment de les déclarer à Votre Majesté.

— Vous ne surprenez, murmura le roi, expliquez-vous, monsieur le duc.

—Sire, en vérité, la difficulté s'accroît à chaque mot qui se présente. Sire, madame de Bourbon aime la table.

—C'est vrai, c'est vrai ; plaisir de vieillard ou d'enfant, plaisir qui convient peu à la jeunesse, mais plaisir innocent au fond.

— Assurément, Sire, mais à table, on boit... on boit du vin ; et si une femme, une princesse, en venait à s'habituer au vin.

— Oh! ce n'est pas à craindre, duc.

— Pardonnez, Sire, pardonnez, répliqua le duc, ce reproche a pu être fait déjà un certain nombre de fois à madame de Bourbon.

Le roi qui l'avait fait lui-même, ce reproche, n'insista plus. Il se contenta de dire qu'un défaut peut toujours être corrigé, il promit une admonestation sévère. Mais le gendre n'avait pas tout dit.

—Les reproches de Votre Majesté sont, je ne le nie pas, fort sensibles à la duchesse, continua-t-il, mais elle sait les éviter, sans renoncer à son étrange goût. Elle se cache.

— Si elle se cache, c'est déjà un progrès, monsieur le duc.

— Loin de là, Sire, une personne qui s'enferme pour s'assurer la liberté est bien près de la licence.

— Monsieur! monsieur!

— Et madame de Bourbon s'enferme si bien qu'elle m'a fait défendre sa porte à moi... pas plus tard que cette nuit.

— C'est signe qu'elle vous respecte, et ne veut pas être vue dans un état peu digne de votre rang à tous deux.

Le duc s'animant et pâlissant de plus en plus, répondit avec véhémence:

— Madame de Bourbon n'a pas ce scrupble pour tout le monde, car, tandis qu'elle se barricade pour moi dans la maison que vous lui avez donnée au bout du parc, maison trop commode, Sire, tandis que l'époux est exclu, d'autres sont plus favorisés.

— Qu'est-ce à dire, monsieur le duc? demanda superbement le roi.

— Je dis ce que je sais, répondit le prince, tremblant de colère et de peur.

— Vous affirmez que madame de Bourbon vous a exclu pour recevoir quelqu'un !

— Parce qu'elle avait reçu quelqu'un, oui, Sire. J'affirme que cette nuit mes gens ont vu sortir de chez elle cette personne à une heure indue. J'affirme que l'insulte est de celles qu'un homme de mon nom ne subit pas sans vengeance, car j'aime ma femme, et je tiens à mon honneur.

En prononçant ces mots, le prince devint livide, et la violence qu'il se fit pour concilier le respect dû au roi avec sa passion haineuse bouleversa son visage, et le rendit effrayant pour le maître lui-même.

— C'est moi qui me chargerai de vous venger, s'il y a lieu, répliqua sagement Louis XIV. Reposez-vous sur moi de ce soin. Mais d'abord vous me donnerez bien toutes les preuves, Quel est l'homme que vous accusez?

— M. de Clermont.

Le roi fit un mouvement si brusque, il recula si précipitamment au bruit de ces deux syllabes cabalistiques, ses yeux lancèrent un si furieux éclair, que le duc demeura saisi de l'effet qu'elles avaient produit sur ce buste de bronze.

— Êtes-vous bien sûr de ce que vous avancez? dit le monarque; la chose est sérieuse, au moins, et je la crois impossible.

— J'ai dit que j'affirmais, Sire. Le rapport qu'on m'a fait détaille jusqu'aux moindres circonstances. L'homme que j'ai nommé, je dirais jusqu'à son costume, jusqu'à sa coiffure; d'ailleurs il se cachait peu. Sa pelisee hongroise est assez connue : il la portait hier.

— C'est vrai, pensa le roi, serrant ses lèvres, et repassant d'un regard les lignes de son rapport à lui, qui signalaient, rue du Pot-de-Fer, l'habit étranger de Clermont. Il fit quelques pas pour rappeler son sang-froid, puis sonna l'huissier.

— Pas un mot! dit-il au duc. J'informerai. Vous aurez satisfaction. Adieu! monsieur.

Le duc prit congé. L'huissier entra.

— Qu'on prévienne madame la duchesse de Bourbon que je l'attends. Ah! M. de Lorraine: lui d'abord; introduisez!

Et le roi, qui brûlait de réfléchir, de s'éclairer sur ces mystères alarmants, fut contraint d'interrompre le travail de sa pensée, pour aller au-devant de son futur gendre.

—Par bonheur, songeait le père si rudement éprouvé, je n'ai rien à craindre de madame de Conti. Celle-là est sans défauts. Elle est la perle de ma famille et du royaume. M. de Lorraine ne peut que me remercier.

Ce fut dans cette illusion que le grand

roi accueillit son hôte avec une familiarité presque paternelle. Le jeune prince lorrain, cependant, ne rayonnait pas comme il eût été convenable aux approches d'un événement heureux.

— J'ai la douleur d'apprendre à Votre Majesté, dit-il après les compliments d'usage, que ses bienveillants projets sont renversés ou bien près de l'être. L'alliance de la France et de la Lorraine n'en sera pas rompue, sans doute, mais ce ne sera plus, comme nous y comptions, une alliance de famille.

Louis ouvrit ses grands yeux clairs, moins clairs toutefois que ce limpide langage. Cet étonnement signifiait si bien :

— Pourquoi? Que le duc de Lorraine répondit :

— Sire, j'avais depuis quelque temps soupçonné le peu d'attrait de madame la princesse de Conti pour l'alliance projetée, mais je doutais encore. On aime à douter lorsqu'il s'agit de posséder ou de perdre la plus belle et la plus accomplie des princesses. Douter en ce cas, c'est presque espérer encore. Malheureusement, aujourd'hui le doute n'est plus permis. Madame de Conti ne sera jamais duchesse de Lorraine.

— En voilà, mon cousin, la première nouvelle, dit le roi presque décontenancé par cette avalanche de disgrâces.

— Hier, Sire, reprit le prince lorrain, ayant fait demander à madame la princesse une entrevue vers le soir pour expliquer avec elle divers bruits qu'on m'avait rapportés, à propos de certaines préférences qu'elle aurait, je vais me faire comprendre, ayant, dis-je, fait annoncer ma visite à madame voire fille, je reçus pour réponse qu'elle était au lit, souffrante et hors d'état de recevoir.

— En effet, interrompit le roi, ma fille de Conti n'a pu assister au jeu hier, elle est malade.

— Je le crus, comme Votre Majesté, continua le Lorrain, mais bientôt on m'avertit de la parfaite santé de madame la princesse, et l'on me désigna même un endroit où je la pourrais voir se promenant dans l'état le plus prospère. Je me défiai de l'avis. Je voulus en prouver la fausseté, la malveillance: Je me reudis au lieu indiqué où je vis en effet la princesse en promenade.

— Cela prouve tout au plus mon cousin, qu'elle allait mieux, et prenait l'air; elle aura fait cet effort pour ne pas contraindre ses dames à rester enfermées par ce temps chaud.

— Ah! Sire, ce n'est pas avec des dames que la princesse se promenait.

Le roi rougit une troisième fois pour sa troisième fille.

— Avec qui donc? mon cousin, murmura-t-il.

— Avec un excellent gentilhomme, sans doute,

— Son écuyer d'honneur?

— Homme d'honneur, oui; écuyer, non.

— Veuillez le nommer, mon cousin.

— Est-ce bien nécessaire, Sire? j'en appelle à votre haute délicatesse.

— C'est tellement nécessaire, mon cousin, dit le roi piqué, que, sans ce nom je douterais de l'exactitude.

— Monsieur de Clermont, répliqua froidement le prince.

Un nuage épais, douloureux comme un vertige, obscurcit les yeux du roi. C'était la colère, plus que la colère, un choc impétueux de tout le sang chassé du cœur au front par le ressentiment d'une mortelle injure A l'aspect de ce majestueux visage, envahi par la flamme et nuancé subitement d'une pourpre violacée, semblable à l'apoplexie, le duc de Lorraine eut peur et pitié tout à la fois. Il s'approcha vivement. Louis l'écarta d'un geste humain.

— S'il ne s'agissait pas de ma fille, répliqua-t-il, si vos paroles ne s'adressaient point à moi, je croirais que vous ne les avez prononcées que par suite d'une gageure. Mais d'abord on ne gage pas avec le roi, ajouta-t-il d'un ton qui n'appartenait qu'à lui seul. Ensuite je ne saurais m'émouvoir d'une fable, d'une chimère, d'une erreur, mon cousin, car vous ne pouvez sérieusement prétendre que ma fille de Conti se soit hier promenée avec ce Clermont, attendu que c'est impossible.

— Je l'ai vue, Sire, et pour être parfaitement sûr, — en ces circonstances, et avec de telles personnes, on doit l'être avant de prendre une résolution, — non-seulement j'ai vu madame la princesse, mais j'ai voulu qu'elle me vît. Je me suis donc approché, au risque de blesser les convenances ; j'ai eu l'honneur de la saluer, et j'ai parlé à M. de Clermont, qui, comme toujours, a été parfaitement civil et respectueux.

Les deux bras du roi tombèrent languissants sur la tapisserie de l'écran auquel il se tenait adossé.

— Voilà, Sire, ajouta M. de Lorraine pour conclure, un dénouement imprévu, triste pour moi, mais qui, ne diminuant en rien mon respect et mon dévouement pour Votre Majesté, laissera bien entière, j'en ai l'espoir, l'affection dont vous vouliez bien m'honorer.

Etourdi par ce dernier coup, le roi

n'écouta plus que sa fureur et, sonnant avec vivacité :

— Qu'on avertisse madame la princesse de Conti, s'écria-t-il, j'ai à lui parler.

L'huissier allait répondre, on entendit dans la galerie des voix de femmes : l'une, enjouée, bruyante comme une fanfare, éclata soudain sur le seuil du cabinet royal.

C'était la duchesse de Bourbon, accompagnée ou plutôt suivie de la princesse de Conti. La première se précipitait; la seconde, au mépris de l'étiquette, se tenait sérieuse et réfléchie derrière sa jeune sœur.

— La princesse de Conti! Votre Majesté permet que je me retire? dit le duc de Lorraine.

Et sans attendre la réponse du roi, il prit congé en saluant, avec la plus noble courtoisie, celle qu'il venait de dénoncer si résolûment au père et au souverain.

— Venez, venez, ma sœur, s'écria la duchesse de Bourbon, petite et mignonne fée aux yeux pétillants, au mordan sourire. Venez, je vois d'ici que le oi veut me gronder; vous m'aiderez à upporter et à calmer sa colère.

— Il est possible que le roi veuille parler à vous seule, dit madame de

Conti, inquiète malgré sa bonne contenance.

Et elle fit mine de s'éloigner.

— Restez, commanda le roi d'un air terrible. J'ai affaire à toutes deux !

X

L'aspect du roi irrité produisit son effet ordinaire sur les deux princesses, mais le caractère de l'une et de l'autre se peignit tout entier dans la manifestation de leurs sentiments.

Madame de Bourbon se monta l'esprit jusqu'à la fanfaronnade. Ramassant toutes les petites forces de son petit corps et allumant tous ses feux pour s'étourdir en éblouissant, elle traduisit sa terreur par une bravade désespérée.

La princesse de Conti, au contraire, immobile, droite et recueillie dans le fier silence d'une déesse, commanda le calme à ses yeux, la modestie à son maintien; son émotion, qui l'étouffait, échappa au roi si clairvoyant. Elle n'eût pu être trahie que par le cruel battement de son cœur, et le cœur humain, nul, excepté Dieu, ne l'entend palpiter, même à l'instant où il se brise.

En présence de ces deux jeunes femmes, l'une charmante, l'autre adorable, reflets vivants de leurs mères qu'il avait tant aimées, le roi ne se rappela ni sa jeunesse, ni ses fautes, qui lui recommandaient l'indulgence. Blessé dans son orgueil par l'opiniâtreté de ce nom maudit qui faisait invasion à la fois dans tous ses secrets de famille, incapable d'expliquer cette invasion, sinon par une conspiration quelconque dont il ne tenait pas les fils, Louis n'avait qu'un désir, qu'un but, celui d'arracher le secret à ses filles par la douleur d'une torture équivalente à celle qu'on venait de lui faire subir.

Pourquoi et comment Clermont se trouvait-il partout ? Aux gendarmes, chez madame de Chartres, rue du Pot-de-Fer, chez madame de Bourbon, chez la princesse de Conti : chez ces dernières surtout, dont la mésintelligence était notoire, et semblait être un héritage transmis à chacune d'elles avec le sang des mères rivales. Cette mésintelligence n'était-elle qu'apparente ? Cachait-elle une entente secrète plus redoutable au roi que l'inimitié n'était désagréable au père ? La ligue des enfants royaux était-elle formée comme la ligue des rois et des peuples contre cette vieille autorité despotique, pesante à la famille ainsi qu'à l'Europe ?

Ou bien cette mésintelligence, très-réelle entre les enfants de la Vallière et ceux de la Montespan, avait-elle été poussée par les deux filles jusqu'à la rivalité d'amour ? Clermont, beau et recherché, serviteur déclaré des Conti, aurait-il été ambitionné par la duchesse de Bourbon, cet esprit envahissant et dominateur ? Comptait-elle sur le scandale de cette usurpation pour causer un chagrin de plus à sa sœur aînée ?

Telles étaient les craintes fort confuses, mais poignantes, du vieux roi. Il hésitait entre l'un et l'autre danger, presque également inquiet de voir ses filles unies, ou de les savoir rivales. Aussi, dans sa pensée, combinant par un calcul prompt et sûr la double hypothèse qui l'alarmait, il voulut en opérer la solution à l'aide d'une épreuve contradictoire. Il se promit de faire déclarer l'une des princesses par la pression qu'il exercerait sur l'autre, sachant bien que, s'il y avait intrigue d'affaires, il serait assez fort diplomate pour le deviner, tandis que s'il y avait amour, les coupables qu'il connaissait à fond se trahiraient suffisamment elles-mêmes, l'une étant attaquée par l'orgueil et l'autre par le cœur.

C'est à cet adversaire redoutable que les pauvres femmes allaient livrer bataille, madame de Bourbon riait pour cacher ses frissons, madame de Conti toussait légèrement pour occuper le silence.

Le roi commença par la duchesse, qu'il sentit bien être la plus troublée. Brusquant les préliminaires, il lui apprit qu'une plainte venait d'être faite par son mari, plainte sérieuse et qui l'accusait d'une absence totale de dignité personnelle et d'égards pour M. le duc.

Le front de la duchesse, un peu nuageux au début de la mercuriale, s'éclaircit tout à coup. Elle pria le roi de bien préciser, attendu, dit-elle, que, le duc lui reprochant quotidiennement quantité de choses, il serait bon de savoir quelle était l'accusation privilégiée du jour.

Le roi répondit que la raillerie n'était pas de saison en présence d'une accusation plus que sérieuse, attendu que la faute pouvait être appelée déshonorante. Il ne s'arrêta point à gazer ; le mot gaulois ne l'effraya pas, et il nomma le premier grief du mari — ivrognerie, — sans plus de détours.

La duchesse devint rouge, et son œil

s'enflamma de colère. Cette rude correction devant sa sœur!

— Je ne nie point absolument, répliqua-t-elle avec assurance. Le mot en dit plus que je n'en fais peut-être, mais la chose ne me procure pas encore les résultats que je lui demande.

Le roi la regarda, surpris de l'étrange justification.

— Oui, Sire, continua madame de Bourbon, ce n'est pas toujours parce qu'ils aiment le vin que les ivrognes boivent. Quelquefois ils essaient d'oublier. Supposez, par exemple, une femme jeune, passable et intelligente, qu'on aurait forcée, quand il y a tant d'hommes beaux, spirituels ou seulement convenables, d'épouser un nain, un monstre, un prodige; une femme qui ne pourrait ouvrir les yeux sans voir cet effrayant bossu, ce gnôme hideux; une femme à qui on aurait imposé d'aimer ce phénomène, de le respecter, d'en perpétuer la race épouvantable... Quand cette femme-là chercherait par hasard à s'étourdir, à oublier, qui donc oserait lui en faire un crime ?

Le roi interrompit d'un geste inquiet.

— N'ayez pas peur, je n'ai nommé

personne, dit la duchesse avec un impitoyable dédain.

Louis sentit qu'il n'était pas sur un terrain avantageux; on le forçait de se défendre. Il attaqua brusquement.

— Une princesse n'est pas une femme, dit-il avec majesté. Et puis il ne s'agit pas seulement d'un vice. J'ai peur qu'on ne vous reproche beaucoup plus.

— Oh! oh! dit en éclatant de rire la duchesse sérieusement inquiète. Un crime peut-être?

— Vous avez refusé l'entrée de votre appartement à M. le duc, hier.

— C'est possible, Sire; chaque fois

que je le puis, je le fais. Certains visages font aimer la solitude.

— Si vous aimez tant la solitude, madame, reprit le roi armant ses yeux perçants d'une fixité insupportable, pourquoi recevez-vous des gens qui ne sont pas votre mari ?

— Quelles gens ! demanda la jeune femme frappée au cœur, mais redoublant d'audace.

Le roi promena son regard de l'une à l'autre des sœurs, épiant sur les deux visages l'effet du mot qu'il balançait habilement avant de le laisser tomber.

— Un homme qu'on a vu sortir cette nuit de chez vous, un jeune homme.

— Par exemple! s'écria la duchesse tremblante de peur et trépignant pour faire croire qu'elle tremblait de colère.

— M. de Clermont, dit le roi.

Madame de Conti tressaillit d'abord à ce nom, mais se remit soudain, et il ne demeura sur ses traits que l'expression d'une surprise profonde.

Quant à la duchesse, comme si ce nom l'eût délivrée et lui assurait la victoire, elle partit d'un éclat de rire complétement irrévérencieux.

— Ce n'est pas aussi risible que vous

le croyez, madame, interrompit le roi, furieux d'avoir si mal réussi, car je saurai la vérité avant peu et je punirai les coupables.

— Sire, tout ce que Votre Majesté fera pour me punir ne vaudra pas ce qu'elle a fait en me mariant, dit la duchesse riant toujours. Au couvent, en exil, en prison, je n'ai rien à perdre que mon mari. C'est tout bénéfice.

Et elle rit de plus belle. La princesse de Conti écoutait, médiocrement rassurée.

— Sera-ce également avantageux pour l'autre coupable, reprit tout à coup le roi poursuivant son épreuve, et continuerez-vous à rire, madame, si ma justice s'appesantit sur M. de Clermont ?

— Votre justice sera une injustice, voilà tout, Sire ; au surplus, qu'on lui coupe la tête, à ce pauvre garçon, si cela peut faire plaisir à mon mari. Malheureusement elle ne lui servira pas à grand'chose. Cette belle tête-là n'irait pas sur ses épaules bossues.

Madame de Conti frémit à cette affreuse plaisanterie, et la duchesse, qui s'en apperçut en même temps que le roi, s'approcha d'elle et lui dit avec une malice féroce :

— Défendez donc Clermont, ma sœur. Moi, je ne le puis, d'après tout ce qu'on vient de dire. Mais vous, dont on ne dit rien, vous à qui appartient ce pauvre gentilhomme, parlez donc!

— Allons! pensa le roi, je suis toujours sûr d'une chose, c'est qu'elles se haïssent plus que jamais.

— Voyons, en effet, madame, dit-il en se tournant vers madame de Conti, qui dédaignait de répondre. Votre sœur a raison; vous pourriez peut-être défendre ce gentilhomme.

— Comment! Sire, le défendrais-je? répartit la princesse, à qui son habile ennemie venait de renvoyer la balle empoisonnée.

— Ma fille, outre qu'il est un zélé champion de votre maison, et qu'il s'est signalé maintes fois à votre service en des circonstances délicates que je n'ai point oubliées, le roi faisait allusion à la lettre de Hongrie sauvée par l'intrépidité du page, — vous lui pourriez prêter votre appui dans les circonstances présentes, parce que vous devez connaître l'emploi de sa soirée d'hier.

L'amertume menaçante de cette attaque fit comprendre à madame de Conti que son tour était venu de se défendre vigoureusement. Elle n'avait pu prévenir la visite faite au roi par M. de Lorraine. Donc le roi savait tout. Plus de salut que dans une noble sincérité.

— Je comprends, dit-elle, à quoi Votre Majesté veut faire allusion. On a vu hier au soir M. de Clermont chez moi et avec moi. N'est-ce pas ce que le roi veut dire ?

— Vous aurez complété ma pensée, madame, quand vous ajouterez que vous aviez refusé votre porte à M. de Lorraine.

— Comme moi à M. de Bourbon, chuchotta la duchesse en se reprenant à rire.

— Avec cette différence, dit gravement la princesse, que M. de Lorraine n'est pas mon mari et qu'il ne le sera jamais. Car je désire conserver la liberté que m'a donnée si malheureusement mon veuvage : or, une personne libre n'a rien à se reprocher, quand elle dispose innocemment d'une heure de son temps, qui n'appartient qu'à elle.

— Pour un Clermont, au refus d'un prince souverain, s'écria le roi avec une explosion de colère, pour un agent d'intrigues et un coureur d'aventures ! Voilà ce qu'on aura de la peine à me prouver, madame.

Là-dessus, donnant carrière à sa vieille haine contre Clermont, contre les Conti ; rappelant sans pitié leurs fautes ; revenant sur la guerre de Hongrie, sur la soif de popularité qui dévorait cette famille; frappant furieusement le prince de Conti, frère du défunt, l'idole présente de la ville et de la cour, son principal épouvantail, le père outragé, dans une diatribe qui dura longtemps, fit, au grand soulagement de sa bile, les affaires du roi de France. Questions d'Etat mêlées habilement aux questions de famille, Conti amalgamé avec Clermont, rébellion et complot confondus avee débauche et adultère, exemples tirés de l'histoire ancienne ou moderne, tout fut traité avec développements.

Les princesses se turent écrasées. Madame de Bourbon elle-même, au nom du prince de Conti, ramené si souvent et sous une escorte de flamboyants regards, devint aussi attentive qu'elle s'était montrée folle, et s'observa non moins soigneusement que sa sœur.

Le roi remarqua l'impression produite par sa harangue, mais sans savoir quel point avait particulièrement amené ce résultat: l'une et l'autre se taisaient. Le silence est une défense si habile!

—Repondez quelque chose, au moins, s'écria Louis.

Madame de Conti, plus vaillante et plus généreuse, se dévoua la première. Elle répondit qu'elle n'avait jamais pu douter de la haine du roi pour la famille dans laquelle il l'avait fait entrer. Elle n'était pas coupable du mérite des princes ses parents, mérite qui leur faisait tant d'ennemis. Que M. le prince de Conti fût aimable, qu'il fût aimé, la chose était facile à comprendre, toutefois, si c'était un crime, nul ne pouvait en rendre sa belle-sœur responsable.

Ici on eût pu voir glisser furtivement sur les joues nacrées de la petite duchesse une rougeur de flamme éteinte aussitôt qu'allumée, comme s'allume et s'éteint l'éclair. Mais nul ne regardait de ce côté. Le roi fronçait impérieusement ses sourcils noirs ; la princesse poursuivait son courageux plaidoyer.

—Quant à M. de Clermont, disait-elle, pourqnoi tant de reproches et d'épithètes ? Est-ce moi qui ai inventé ce gentilhomme? n'a-t-il pas été donné au feu prince de Conti par le grand Condé ? N'est-il point passé au second Conti comme héritage de famille ? Est-ce un mauvais serviteur du roi, est-ce un homme dangereux ? qu'on le dise. Nous sommes tous aux pieds de Sa Majesté. Nous ne tenons à rien de ce qui peut lui déplaire. On me reproche l'entrevue que j'ai eue hier avec M. de Clermont. Mais pouvais-je l'éviter ? Il venait me parler de la part de Mgr le

Dauphin, car Mgr le Dauphin l'aime, ce qui semblerait témoigner quelque peu en sa faveur; il venait, dis-je, remplir un message. Souffrante à cinq heures, j'avais refusé de voir M. de Lorraine. Mieux disposée à neuf, je me suis levée pour respirer après la chaleur du jour. Justement j'accompagnais jusqu'aux grilles une de mes demoiselles, mademoiselle de Choin à qui j'avais permis d'aller à Paris ce soir-là pour prendre possession d'une maison qu'elle vient d'acheter rue du Pot-de-Fer. M. de Clermont arriva; le nom de Monseigneur qu'il prononça produisit sur mes gens son effet habituel; je reçus le message et le messager. Voilà mon crime. Les apparences doivent-elles ainsi prévenir un si grand roi habitué à tout discerner? Les apparences n'accusent-elles pas ma sœur de Bourbon et M. de Clermont? ajouta-t-elle avec une inspiration soudaine et victorieuse. Cependant il est clair que M. de Clermont, s'il était chez moi, n'était pas près d'elle. Il est clair, par conséquent, que si l'on a vu quelqu'un sortir de chez ma sœur, c'est peut-être un autre, mais ce n'a pu être M. de Clermont.

A ces paroles prononcées sans passion, mais avec une intelligence marquée, riposte ferme et sûre, touchant deux adversaires à la fois, le roi se replia pour observer. La duchesse, inquiète, regarda sa sœur, qui la regardait aussi, comme pour lui reprocher son attaque récente contre une alliée naturelle. Ce noble et doux reproche d'une belle âme troubla la duchesse et l'avertit de sa faute.

Elle se rappela la phrase de la princesse sur l'amabilité irrésistible du prince de Conti ; elle se rappela sa propre rougeur que la princesse avait dédaigné de surprendre ; enfin, elle ouvrit les yeux et décida qu'elle ne repousserait pas l'alliance si loyalement offerte contre l'ennemi commun, qui guettait toute faute de l'une ou de l'autre pour en profiter contre les deux.

Aussitôt, avec l'activité qui la caractérisait, elle se jeta dans la mêlée à son tour.

Ce fut sur son mari que portèrent tous les coups. Elle lui rendit avec usure ce que le roi avait si largement distribué aux Conti et à Clermont. Jaloux, aveuglé, comment pouvait-il avoir vu clair? Était-ce raisonnable de la part du roi d'accorder créance à un plaignant dont l'esprit comme le corps était de travers? D'ailleurs, M. le duc rapportait d'après ses espions. Des espions pour une princesse du sang royal! et des espions qui se trompaient! Quels désordres ne pouvait-on attendre d'une semblable tolérance? Et puis un argument primait tous les autres, celui de madame de Conti : si M. de Lorraine avait vu Clermont chez la princesse, M. le duc ne l'avait pu voir chez madame de Bourbon.

Heureuse d'avoir été comprise, madame de Conti se crut sauvée.

—Fort bien, pensa le roi, les voilà maintenant qui s'entendent. Faisons marcher ma réserve : il est temps !

— Mesdames, dit-il avec une cruelle lenteur, car il les sentaient toutes deux suspendues à ses lèvres, — vous avez bien tort de défendre si obstinément un homme qui ne le mérite pas ; un cavalier sans mœurs, sans goût; un indigne enfin. Je regrette d'avoir à prouver ces dures paroles, mais je le dois, vous m'y aurez contraint par votre aveuglement. Vous, madame, continua-t-il, en s'adressant à la princesse, ne parliez-vous pas tout à l'heure d'une demoiselle de votre maison à qui vous donnâtes congé hier?

— Mademoiselte de Choin, oui, Sire, répliqua madame de Conti.

— Qu'est-ce que cette personne?...

— Uue fille d'un grand mérite, moins belle que spirituelle et instruite; de bonne maison, douce et sage, dévouée et désintéressée. Je l'aime.

— Tout le monde l'aime, interrompit la duchesse.

— Fort bien. Elle est sortie de chez vous hier, n'est-ce pas, princesse de Conti?

— A dix heures, oui, Sire.

— Pour aller à Paris?

— J'ai eu l'honneur de le dire à Votre Majesté.

— M. de Clermont, à quelle heure vous a-t-il quitté, lui?

— Vers dix heures et demie.

— Est-ce l'heure à laquelle on l'aurait vu aussi chez moi! se hâta de dire la duchesse.

Mais le roi l'arrêta d'un geste qui semblait lui commander la neutralité:

— Alla-t-il, en effet, ou n'alla-t-il pas

chez vous, duchesse; était-ce lui qu'on a vu sortir, ou était-ce tout simplement un autre, nous n'essaierons pas de le prouver présentement. Chaque chose viendra en son lieu. Mais une vérité incontestable, c'est que M. de Clermont est allé à Paris ensuite; c'est qu'il y est entré à minuit, dans certaine maison de la rue du Pot-de-Fer; c'est qu'il a passé la nuit dans cette maison, toute la nuit; c'est qu'en un mot il trompe quelqu'un, je ne sais qui, à Versailles, et que sa maîtresse est ce prodige de talents, de mérite et de sagesse, que vous appelez mademoiselle de Choin.

Le contre-coup de cette révélation ne se

manifesta chez la duchesse que par un petit cri d'étonnement. Mais il n'en fut pas de même de madame de Conti. La pâleur soudaine de son visage, le tremblement nerveux qui agita tout son corps, trahirent en elle des émotions bien différentes d'une simple surprise. Le roi, cette fois, commençait à lire plus distinctement sur l'échiquier.

—Mademoiselle de Choin... un amant... c'est impossible, murmura la princesse.

— Les agents de M. le duc peuvent se tromper, répliqua le roi, mais ma police ne se trompe jamais,

Il tendit à la princesse le rapport accusateur. Elle le prit avec avidité, rassasia ses yeux de la preuve mortelle, et, comme si ce poison se fût infiltré jusqu'au cœur, elle chercha de ses bras rompus un soutien quelconque pour rester debout, puis céda au vertige, ferma les yeux et tomba terrassée dans les bras de sa sœur infidèle, qui triompha d'être sauvée quand son ennemie s'était perdue.

Mais ce contact d'une poitrine douteuse et les regards pénétrants du roi rendirent la princesse plus sûrement à elle-même que n'eussent fait les plus énergiques révulsifs. Elle se redressa, honteuse du moment de faiblesse qui la livrait à un ennemi puissant et à une alliée plus dangereuse encore.

— Pardonnez, Sire, s'écria-t-elle en se courbant devant le roi pour lui cacher ses yeux qu'envahissaient des larmes, je croyais à l'honnêteté de cette fille, je l'estimais, j'eusse répondu d'elle... ce coup m'a fait grand mal. Pardonnez-moi!

— A qui se fier! murmura la duchesse avec une compassion hypocrite.

— A soi seule, répondit fièrement madame de Conti. Sire, je chasse mademoiselle de Choin aujourd'hui même.

— Et Clermont! demanda le roi.

— M. de Clermont ne m'est rien, dit la princesse tremblante de colère. Il appartient à M. de Conti, mon beau-frère; il appartient à Monseigneur, il appartient au roi. Je n'ai pas à prononcer sur son sort.

—Voilà qui me met tout-à-fait à l'aise, répliqua le roi, sûr désormais du champ de bataille. M. de Clermont épousera d'ici à trois jours mademoiselle de Choin, ou passera le reste de sa vie dans une prison d'Etat.

Un sourire malin sur les lèvres de la duchesse, un frisson sur les blanches épaules de madame de Conti, furent les derniers trophées que put recueillir le roi après sa victoire. L'audience était finie, les deux sœurs partirent et se séparèrent.

—La princesse aimait Clermont, se dit le roi, mais la duchesse, qui aime-t-elle?

XI

Dans cette cour immobile dont nous venons de noter les principaux bruits soigneusement épiés par toute l'Europe, vivait plus immobile et plus silencieux, plus ignoré, surtout, que le dernier des obscurs, le premier du royaume, l'espoir de l'avenir, l'étoile polaire de la jeunesse, monseigneur Louis, grand Dauphin de France, héritier présomptif de Louis XIV.

Figure impitoyablement noyée d'ombre et qui ne rencontra jamais l'étincelle; fils de roi, père de roi; car il le fut, comme si sa destinée eût voulu l'écraser entre deux trônes; personnage aimé, sans que nul osât le lui dire, révéré sans être obéi, royale chrysalide au réveil indéterminé, il végéta, il dormit sa vie dans les ténèbres.

Capitaine une fois, et illustré par de

beaux faits d'armes, on souffla bien vite sur sa renommée pour qu'elle n'éclipsât point la gloire paternelle. Lui-même s'effaça tout tremblant d'avoir fait ce bruit par hasard dans le royaume de son père. Et il en demanda pardon, et il n'en fit plus jamais.

Il vit défiler d'abord les victoires, les amours et les magiques prospérités de ce règne. Puis vinrent les fautes, les revers, les pertes. Malheur ou bonheur, il regarda tout d'un œil sec, ne témoignant ni joie des conquêtes qui agrandissaient son héritage, ni regret des désastres qui le dévoraient. On eût dit qu'il devinait son sort et que, certain du néant, il lui demandait seulement le repos en échange d'une dédaigneuse indifférence. Mais sa génération haletante, qui l'attendait pour souverain, mais cette ligue sourde et irrésistible de tant de millions de vœux le poussant au trône, comment il n'en sentit point le souffle mystérieux, comment il résista dans son imperturbable apathie sans qu'un seul éclair eût trahi chez lui l'impatience, voilà le problème que l'histoire elle-même n'a pas cherché à résoudre, tant l'étude de cette figure inutile a semblé être inutile aussi à la postérité.

Il n'était cependant pas un conspirateur en France, un fougueux calviniste, un fanatique dangereux, qui fût surveillé avec plus de soin que ce soliveau par la police royale. Peine perdue : car quel mal peut faire une ombre? Néanmoins jamais le roi ne s'était accoutumé à sa placidité, à son mutisme. Après s'être donné tant de peine pour le glacer d'une terreur sans relâche, lorsqu'il y fut parvenu, il n'y voulut pas croire. Monseigneur, sans mouvement, sans regard et sans voix, ne cessa jamais d'être plus redoutable à son père que celui-ci ne le fut à Monseigneur, et Louis XIV, qui devait lui survivre, ne crut à l'innocuité de sa vie que lorsqu'il fut bien assuré de sa mort.

Cependant, comme à l'époque où se passe notre histoire, Monseigneur était vivant et d'une santé florissante; comme il avait trente-sept ans environ, l'œil vif, le teint fleuri; comme c'était un prince de grande mine, bien que médiocre de taille, portant haut la tête en public et déployant avec coquetterie les muscles d'une jambe admirable et la finesse d'un pied qui désespérait toutes les femmes; comme, en outre, Monseigneur était veuf, c'est-à-dire libre et en disponibilité pour une alliance au cas où il arriverait à la couronne; comme, enfin, il avait trois fils, et que nul ne prévoyait à son égard les desseins de

Dieu, Monseigneur, momentanément réduit à l'état négatif, n'était pas moins dans l'avenir pour le roi et pour tout le monde une valeur absolue des plus considérables.

Le savait-il ? et le poids de cette grandeur qu'il lui fallait renfermer le courbait-il ainsi dans sa cage monotone? Ce silence de statue, n'était-ce qu'une force compressive de l'excès des sentiments et des pensées ? Ce masque voulait-il cacher un visage trop éloquent? Puisque le roi, son père, observateur incessant et sagace, ne décida pas la question, nous n'y prétendrons pas.

Toujours est-il qu'à Meudon, sa retraite, où il avait enseveli son existence problématique et fondé sa liberté sur l'obscurité, ce prince, moins esclave de son rang qu'il ne l'eût été avec des prétentions plus amples, jouissait en riche particulier des loisirs d'une paix inaltérable. Sa cour, nul ou à peu près et composée du trop-plein de Versailles, craignait si évidemment de se compromettre par des assiduités à Meudon, que Monseigneur, à son tour, ne se gênait jamais pour ses courtisans. Pas d'étiquette — pas de chaîne. La taciturnité bien connue du prince le sauvait des conversations embarrassantes. Sa sauvagerie lui épargnait les assemblées. Son manque absolu de crédit le délivrait des solliciteurs. Il vivait pour lui et le petit nombre d'intimes connus ou cachés qu'il avait su se choisir. Paresseux comme Louis XIII son aïeul était triste, il passait des journées — ses meilleures — couché sur un canapé, les yeux au plafond, chantonnant les vieux airs espagnols qu'il avait entendus, enfant, chanter par grand'mère Anne d'Autriche, et que lui avait répétés sa mère. Sa porte n'était jamais franchement ouverte que pour les Conti, qu'il aimait, surtout sa sœur, fille de La Vallière. Elle était la seule femme de la cour qu'il eût toujours recharchée, attirée, soit parce qu'elle payait son affection d'un sincère et respectueux attachement, souvent éprouvé, soit pour d'autres raisons qui s'établiront dans la suite de cette histoire.

Le jour où le roi eût avec ses filles, à Versailles, la querelle domestique source de tant d'événements, à l'heure même où la scène avait lieu, Monseigneur, à Meudon, venait de prendre son chocolat et le digérait voluptueusement, couché dans un pavillon frais et obscur, ventilé par une brise odorante. Ses jardins, moins pompeux que ceux de Versailles, avaient beaucoup plus de fleurs, auxquelles l'ambre et le musc ne faisaient pas concurrence.

Monseigneur, paré comme à son habitude, depuis le matin, pour n'avoir pas la peine de s'habiller deux fois, tournait et retournait sur un coussin de fine toile bien froide sa tête vermillonnée et alourdie par un demi-sommeil qui laissait transparaître le rêve.

Une longue canne à pomme d'or, un jonc léger comme une plume, occupait à la fois ses quatre membres : car, de la main droite, ou, pour se reposer, de la gauche, il frappait en cadence l'un et l'autre de ses souliers, à tour de rôle; cette manière de castagnettes accompagnait passablement certain boléro qu'il fredonnait. Cependant son regard, suivant les ondulations de sa tête, allait parfois chercher à quelques pas, soit à droite, soit à gauche, un compagnon de cette sieste caniculaire, car il en avait un, couché de chaque côté; à gauche, sur la dalle fraîche, c'était un chien; à droite, sur un canapé, c'était un prince. Celui-là, molosse hérissé, à l'œil fauve, sans égal pour la chasse au loup, se nommait Pyrame. Celui-ci, beau, charmant, sans rival en guerre, en amour, en amitié, s'appelait François-Louis de la Roche-sur-Yon, second prince de Conti.

Je n'assurerais pas que Monseigneur n'eût préféré l'entretien de Pyrame à celui de son voisin de droite. Mais M. de

Conti était le conteur le plus aimable — et le plus aimé. Sa disgrâce presque officielle à la cour le rendait secrètement cher à Monseigneur, et ce n'était pas un mince courage de la part de l'un et de l'autre que cette intimité cultivée malgré les envieux de Versailles.

Ce jour-là, M. de Conti semblait, grâce à je ne sais quelle langueur touchante, se rapprocher de l'humeur habituelle de Monseigneur. Tous deux avaient mêmes regards vagues, même sourire de souvenir sur les lèvres. L'un oubliait volontiers de parler, l'autre se laissait aller à n'écouter pas. Cependant cet apparent désaccord produisait une harmonie complète. Chacun de son côté, poursuivant une pensée cachée, permettait à l'autre la même distraction, en sorte que leur conversation les attachait bien autant par ce qu'ils ne disaient pas que par ce qu'ils eussent pu dire. Évidemment les deux rêveurs n'étaient ni à Meudon ni ensemble.

M. de Conti, après un de ces silences trop prolongés qui ressemblent à des pauses de sommeil, se releva soudain sous un coup d'œil curieux de Monseigneur. Il crut comprendre que ce regard signifiait : — Que faisons-nous ici? Si nous ne nous parlons pas, dormons. — En effet, tous deux ressemblaient furieusement des gens qui n'ont pas dormi leur tranquille nuit.

— Monseigneur, dit-il tout à coup avec la volubilité d'un ressort qui dévide une trame, votre santé a fait beaucoup de bruit hier au soir, au souper de vos gendames.

Et il conta en détail la soirée, les rondes sournoises qui du dehors surveillaient les convives, et l'absence du duc de Chartres, empêché par sa femme d'assister au banquet, et le mauvais caractère de cette fille du roi, et les tribulations de son mari.

Le Dauphin, qui haïssait son jeune

cousin de Chartres, n'eut pas l'air d'avoir entendu; il demanda seulement si les nouveaux brigadiers avaient été bien accueillis.

— Les Montvalat, répliqua M. de Conti, sont fort aimés dans les gendarmes. On les a pris comme un cadeau de Votre Altesse Royale. Il faut dire que ce sont de dignes gentilshommes, et qui méritent de faire fortune, après tant d'années d'épreuves.

— Leur fortune, ils la feront comme moi la mienne, s'écria tout à coup une voix jeune et sonore, qui, pénétrant dans le pavillon comme un son de cloche argentin, acheva d'arracher les deux princes à leur sommeil ou plutôt à leur rêve.

— Tiens! Clermont! s'écria joyeusement M. de Conti.

— Ah ! c'est Clermont, murmura Monseigneur sans tourner la tête; bonjour, Clermont.

Malgré cet accueil amical qui prouvait tant de familiarité :

— J'entends, Monseigneur, mais je ne le vois pas, dit le jeune homme, s'aventurant avec une précaution respectueuse dans ces ténèbres auxquelles ses yeux durent s'accoutumer. Cependant je voudrais bien trouver ses augustes pieds, pour m'y mettre comme il convient à un suppliant.

— Ouvre un peu le rideau, bien peu, interrompit le Dauphin effarouché par ce mot de suppliant qui menaçait d'une supplique. Il songea dès lors à changer l'entretien qui débutait si mal.

Clermont, grand et beau cavalier de vingt-six ans, à l'œil noir, au teint brun, aux dents fraîches, obéit au Dauphin, et pendant son petit travail il souriait à M. de Conti, qui, à la lueur du jour bleuâtre, discrètement tamisé dans la salle, observait la mélancolie de ce salut et la vague tristesse répandue sur les traits de son serviteur. Il s'apprêtait même à lui en faire avouer la cause, quand, Monseigneur le prévenant :

— Pourquoi dites-vous, demanda-t-il à Clermont, que ces MM. de Montvalat manqueront leur fortune?

— C'est une famille comme cela, Monseigneur, répliqua le jeune homme. Ils ont tout pour réussir, excepté le succès.

— Bah! ils ont Monseigneur, dit M. de Conti, et Monseigneur les a. Bonne affaire pour tout le monde.

— Dieu soit loué! s'écria Clermont. Il restera encore quelques braves gens pour servir Son Altesse Royale quand nous l'aurons pour roi!

Monseigneur redoubla la mesure du

boléro sur le tranchant de ses semelles. Ce fut son unique réponse à cette provocation flatteuse. Clermont espéra qu'il pourrait placer ce qu'il avait à dire, et qui manifestement lui gonflait le cœur.

— La famille est comme cela, reprit Monseigneur tout à coup. Il y a donc une famille Montvalat?

— Monseigneur, il y a un troisième frère.

— Pareil?

— Meilleur. Celui-là n'est pas un homme, c'est un saint. Pour expier on ne sait quelle peccadille, il est entré dans les ordres, malgré les instances et les larmes de ses frères, malgré les miennes. Voilà dix ans de cela. L'Église n'a pas un sujet qui l'égale : austérité, charité, abnégation; je le répète, Monseigneur Didier de Montvalat n'est pas un homme.

— Il ira loin, hasarda le Dauphin, qui craignit que ces éloges ne fussent une demande d'apostille.

— Il a fait tout le chemin qu'il voulait faire, Monseigneur, dit sérieusement Clermont.

— Serait-il cardinal?

— Il est curé d'un village de deux cents âmes, Fleurines, près Chantilly. Monseigneur le prince de Conti le connaît bien !

— Si je le connais, s'écria le prince. Ma belle-sœur, Marie-Anne, sur ma recommandation, et un peu sur celle de Clermont, ajouta-t-il avec malice, a voulu l'an dernier le faire évêque. Il a refusé; il tient à son humble clocher, à son pauvre presbytère.

— Voilà un respectable prêtre : avec l'âge, il est vrai, on devient casanier, dit naïvement le Dauphin.

Clermont répondit :

— Monsigneur, Didier de Montvalat est de mon âge, il a vingt-six ans, et il vit comme M. Bossuet prêche. Au surplus, ajouta l'enseigne revenant au point de départ par la transition d'un soupir, c'est dans son presbytère que je compte aller me cacher bientôt.

— Te cacher, dit M. de Conti en se levant, pourquoi te cacherais-tu?

— Oh! Monseigneur, parce que, moi aussi, je suis dans une mauvaise veine; je crois en vérité que mes amis les brigadiers me portent malheur.

— Eh!... quoi donc, balbutia le Dauphin, forcé de s'intéresser à tant de tristesse, qu'as-tu fait pour te cacher? Quelque sottise.

— D'abord, Monseigneur, je viens d'être tancé, c'est-à-dire secoué à tout rompre, par M. le duc d'Ayen, de la part du roi, pour le souper des gendarmes.

— J'en étais sûr, s'écria M. de Conti.

Monseigneur continua son exercice métronomique et ne dit plus un mot. Le nom du roi prononcé devant lui produisait invariablement ce résultat. Craignant même que Clermont, après s'être annoncé comme suppliant, ne le priât d'intercéder pour lui en cette affaire, il se leva de son canapé, tira lui-même le rideau tout entier, au risque de s'effarer par un éblouissement subit. Cet effort d'activité annonçait chez Monseigneur l'état le plus violent de malaise et de trouble. Et Clermont, qui connaissait le caractère du prince, se fût retiré aussitôt, sans M. de Conti, qui lui demanda l'explication catégorique des paroles effrayantes qu'il venait de prononcer.

—Eh bien! Monseigneur, répliqua l'enseigne, tandis que le Dauphin sifflotait pour faire croire qu'il ne voulait ni écouter ni entendre, sachez que, tout à l'heure outre les bourrades du capitaine des gardes, j'ai reçu d'une âme charitable et anonyme — entre nous, c'est un huissier, brave garçon, qui parfois me fait l'amitié d'écouter aux portes — l'avis que ma disgrâce est sûre et ma liberté menacée pour un ou plusienrs crimes que, à ce qu'il paraît, nous aurions commis sans le savoir, pas plus tard que cette nuit... moi ou ma pelisse...

— Cette nuit? s'écrièrent en même temps les deux princes, attirés par les dernières paroles de Clermont, et se rapprochant de lui avec une curiosité irrésistible.

— Oui, Messeigneurs, dit l'enseigne, on a rapporté au roi que cette nuit, moi, Clermont, enveloppé dans ma pelisse hongroise, j'ai été vu à la fois sortant d'une certaine maison où certaine dame de Versailles...

Ici le narrateur s'interrompit, heurté à à sa gauche par une main furtive; il regarda M. de Conti, les yeux brillants, dilatés, le suppliait d'un signe mystérieux de ne pas achever la phrase.

Mais à droite Monseigneur pouvait s'étonner de ne point voir arriver la fin de cette phrase maudite. Clermont, pour cacher le trouble de M. de Conti et dérouter tout à fait monseigneur, se tourna donc vers ce dernier, puis cherchant à se rattraper avec cette maladresse fatale qui, presque toujours, d'un faux pas fait une lourde culbute :

— Je perds la tête, dit-il agréablement, ce n'est pas d'une maison de Versailles qu'on prétend m'avoir vu sortir avec ma pelisse... non, c'est d'une maison de Paris, rue du Pot de...

Et il riait le plus bruyamment possible pour mieux entraîner le Dauphin à l'hilarité, mais que devint-il quand il l'aperçut pâlissant, bouleversé et un doigt sur ses lèvres, faire à sa discrétion un appel plus énergique encore et plus pressant que celui du prince de Conti. Monseigneur non plus ne voulait pas qu'il achevât la phrase.

Cependant, les deux Altesses s'étaieut tourné le dos pour n'être point surprises l'une par l'autre pendant cette injonction en partie double, et Clermont, ébahi, à la gêne, n'essayait même plus de rien raccommoder, dans la crainte de gâter tout-à-fait la situation.

Par bonheur, un grand bruit se fit entendre dans les antichambres, et presque en même temps que les huissiers ouvraient les deux battants pour S. A. R. madame de Conti, la princesse Marie-Anne, apparut blanche, en désordre, et cherchant son frère, qu'elle appelait pour ainsi dire de ses yeux obscurcis par les larmes.

Cette diversion donna le temps à tous de se remettre. Une seule personne demeura visiblement troublée. C'était la princesse qui, prenant les mains de Monseigneur, les serra longtemps et affectueusement avant de pouvoir prononcer une parole. Elle n'avait aperçu que lui d'abord ; son beau-frère, M. de Conti, accourut à elle la voyant si défaite et si tremblante. Clermont, de sa place, salua respectueusement à son tour, mais la princesse ayant tourné la tête pour voir qui la saluait ainsi, elle reconnut l'enseigne et recula frémissante et cambrée comme devant un reptile. Clermont, lui, ne songeait qu'à rendre sa révérence le plus insignifiante possible : il ne songeait qu'à empêcher tout son cœur de venir se refléter dans une politesse. Que devint-il, en voyant le doux visage s'enflammer de fureur et les doux yeux de haine. ?

— C'est vous, dit la princesse d'une voix vibrante et lourde de mépris ; vous osez me saluer, je crois! N'y revenez plus! N'ayez jamais l'impudence de lever les yeux sur moi ni de vous trouver sur mon passage, sinon je vous garde un châtiment proportionnel à votre insolence.

La voix ne grondait plus, le regard de feu s'était éteint, Clermont ne comprenait pas encore. Stupéfait, anéanti par la violence de cette apostrophe, il restait cloué sur place, la bouche entr'ouverte, les mains ramenées sur sa poitrine, comme pour dire : « Moi? » Cependant il interrogeait de ses yeux éperdus Monseigneur et M. de Conti non moins saisis que lui de l'incroyable emportement dont ils venaient d'être témoins.

Mais la fougueuse princesse, ne se sentant pas obéie, se retourna soudain avec un geste hautain et trop intelligible. Elle menaça si royalement Clermont de son doigt étendu que le doute n'était plus possible. On le chassait.

A lui, le gentilhomme irréprochable,

A lui, le vieil ami dont le sang avait coulé pour l'honneur de la famille, à lui le plus respectueux, le plus dévoué des serviteurs, à lui, l'idolâtre, l'esclave, le chien fidèle, cette insulte, cette ignominie! Ses yeux rendirent éclair pour éclair. Il n'eut que le temps de se souvenir qu'elle était femme; princesse, il l'avait oublié.

Pâle de colère et de douleur, il balbutia quelques mots de respect aux deux princes, et s'enfuit emportant le trait envenimé qui lui mordait le cœur.

XII

Les deux princes s'empressèrent, bien étonnés, autour de leur sœur qui, après cette dépense exagérée de forces, était tombée assise, suffoquée par les palpitations. Ils ne pouvaient comprendre le changement de ce caractère si patient et si affable, ils comprenaient moins encore comment Clermont avait pu mériter un si rude châtiment, en sorte qu'ils exprimèrent à madame de Conti leur surprise et leur regret en des termes qui eussent consolé Clermont s'il avait pu les entendre.

Mais la princesse retrouvant son énergie :

—On voit bien, dit-elle, que vous ignorez ce qui s'est passé : si vous eussiez, comme moi, subi la scène que le roi vient de me faire à propos des désordres de M. de Clermont, s'il vous eût fallu, comme je l'ai fait, rougir et trembler sous les accusations les plus furieuses, vous tiendriez un autre langage.

Au nom du roi, Monseigneur commença à perdre de son assurance, M. de Conti, l'intrépide, faiblit un peu à son tour. Ce fut bien autre chose quand la princesse leur raconta les reproches, les ressentiments du roi et la haine sans réticences dans laquelle il confondait les Conti et leur serviteur, ou plutôt leur âme damnée, Clermont.

— Mais enfin, qu'a fait Clermont? demanda M. de Conti; et s'il a encore travaillé pour notre service, sa faute ne saurait-elle être excusée?

— Je ne pense pas, dit aigrement la princesse, que les débauches de M. de Clermont, ses courses nocturnes, ses bonnes fortunes équivoques, à peine déguisées, tant il les poursuit cyniquement, puissent s'appeler des services qu'il rend à notre famille. Désormais, quant à moi, je l'en tiens quitte. Au surplus, consultez le roi sur cette affaire, consultez madame la duchesse de Bourbon, appelée comme moi à se justifier.

Ce mot eut à peine franchi ses lèvres, que le prince de Conti trembla et réussit à peine à cacher son trouble.

—La duchesse!... dit Monseigneur, car

l'autre n'eût pu encore parler... la duchesse en est?

— Oui, mon frère, et, avec moi, elle a eu sa part de l'algarade. Apprenez, apprenez à la source tout ce qu'on reproche à votre protégé, aventures de toute sorte, et à Paris, et à Versailles, et.....

M. de Conti se précipita vers sa belle-sœur comme pour la calmer; il lui serra la main d'une façon significative, tandis que Monseigneur, mordant la pomme de sa canne, arpentait le pavillon et murmurait des airs lugubres.

— Allons! allons! chère Marie-Anne, du calme, s'écria M. de Conti bien haut. Plus un mot de la duchesse devant Monseigneur, ajouta-t-il tout bas, je vous en supplie! Vous saurez tout!

Et, comme involontairement sa belle-sœur le regardait ébahie, il redoubla ses caresses, et, grossissant le volume de sa voix :

— Il ne faut pas être ainsi féroce, que diable! chère Marie-Anne, reprit-il avec agitation. Ce sont des misères envenimées par nos ennemis. Et Clermont, quoi que vous disiez, est un bon serviteur qu'on nous envie. Vous l'avez roué vif, ce pauvre garçon, vous l'avez traité comme un larron. Un si parfait gentilhomme! incapable d'un mauvais trait, n'est-ce pas, Monseigneur?

— Eh!... eh! il faut voir, il faut voir, dit majestueusement le Dauphin sans interrompre sa promenade.

— Moi, je cours après Clermont, pour le consoler et l'empêcher de faire quelque folie, ajouta M. de Conti. Vous l'avez malmené de telle sorte, Marie-Anne, qu'il doit en avoir perdu la tête, et c'est un homme qui exagère l'honneur, voyez-vous!

Puis d'une voix insaisissable, d'une voix comme un souffle :

— Je vous attendrai au sortir d'ici... Silence!

Et il sortit après avoir broyé, à force

de la pétrir convulsivement, la main mignonne de la princesse, qui, malgré son habitude des difficultés du monde, se trouvait embarrassée de sa contenance en présence d'un trouble si extraordinaire. M. de Conti avait disparu avant qu'elle eût secoué la torpeur de cette complète annulation qu'il lui avait fait subir.

Mais à peine Monseigneur se vit-il seul avec sa sœur qu'il vint tout à coup s'asseoir près d'elle, comme soulagé par l'absence du tiers qui le gênait.

— Le roi est donc bien fâché contre Clermont ? dit-il avec curiosité.

— Furieux, mon frère! mais beaucoup moins que moi.

— Vraiment?

— Comprenez-vous cela, Monseigneur? J'ai chez moi une fille honnête, bien élevée, sage, recommandée par vous, mademoiselle Emilie de Choin...

— Hum! hum! fit Monseigneur, roulant des yeux égarés à force de vouloir être indifférents.

— Cette fille, en qui j'avais confiance absolue, voilà-t-il pas ce misérable Clermont qui la débauche? Ne lui fait-il pas accepter un rendez-vous dans sa maison à elle, et ne la surprend-on pas, cette nuit, sortant de cette maison de la rue du Pot-de-Fer?... Oh ! oh !

Et la princesse, le cœur dévoré, se cacha les yeux avec ses doigts entre lesquels jaillirent encore des larmes.

Le Dauphin s'était écarté sur les derniers mots. Son visage, ordinairement immuable, trahissait la perplexité la plus violente. Cependant il se remit à l'aide d'un nouvel effort.

— Quoi, dit-il... on l'a surpris... et... le roi le sait?

— C'est le roi qui me l'a dit.

Monseigneur se leva... Sa main blanche et fine tressaillait en chaque fibre.

— Est-on bien sûr que ce soit Clermont? murmura-t-il, en regardant sa sœur à la dérobée.

— Oh! trop sûr... N'était-il pas enveloppé de cette houppelande hongroise si connue... et sur laquelle on a fait tant de chansons... D'ailleurs, personne ne le nie, et mademoiselle de Choin elle-même...

— Ah! vous en avez parlé à elle... s'écria Monseigneur, incapable de dissimuler l'intérêt qu'il mettait dans cette question.

— Il l'a bien fallu, mon frère; j'ai bien été obligée de l'avoir avec elle, cette explication qui me torturait. Songez, mademoiselle, lui ai-je dit, que si vous ne vous justifiez pas, je serai forcé de prendre un parti sérieux ; — prenez garde!

Monseigneur frissonna.

— Eh bien? dit-il palpitant.

— Eh bien! mon frère, elle était pâle, les joues marbrées, plus une goutte de sang dans les veines, mais elle n'a point marqué de faiblesse, elle n'a pas renié son amant. Je la pressais, je la suppliais de prouver son innocence. J'eusse donné deux ans de ma vie pour une bonne parole d'elle. — Puisque, m'a-t-elle répondu, l'on affirme avoir vu M. de Cler mont sortant de chez moi, tout ce que je pourrais vous dire serait inutile.

— Et... voilà tout? demanda le Dauphin.

— Voilà tout. Je ne lui ai pu ensuite arracher un seul mot. Elle s'est courbée devant moi, comme si elle en appelait au pardon de Dieu. Soit! que Dieu lui pardonne, s'écria Marie-Anne, en proie à une surexcitation de colère : quant à moi, je ne lui pardonnerai jamais. Le mal qu'elle me fait, rien ne saurait l'exprimer ni le guérir! — Relevez-vous, mademoiselle, lui ai-je dit, et sortez d'ici : je vous chasse!

Monseigneur s'arrêta tout à coup,

comme frappé d'un coup invisible : il pâlit, il chancela.

— Qu'avez-vous donc, mon frère? demanda la princesse se levant pour courir à lui avec une tendre sollicitude, souffrez-vous ?

— Ma sœur, dit le Dauphin, dont la voix tremblait et faisait trembler les lèvres éclairées d'un pâle sourire, je souffre, en effet, pour ce pauvre Clermont, que vous avez si rudement traité, pour cette pauvre fille que je vous avais recommandée et que vous chassez avec ignominie.

Il s'interrompit suffoqué.

— Mais, Louis, pouvais-je faire autrement? murmura-t-elle, saisie de voir pour la première fois le prince entraîné par tant de sensibilité.

— Est-on coupable quand on aime? poursuivit-il de cette même voix émue qui bouleversait Marie-Anne malgré elle. Est-on coupable à ce point qu'on devienne un objet de mépris et d'horreur, qu'on soit insulté, chassé, livré à l'opprobre, presque au bourreau! Mais voilà une pauvre fille perdue, déshonorée, poursuivit-il avec agitation. Qui voudra la voir désormais? qui se retiendra de la méprtser, quand on la saura hors de chez vous, chassée?...

Monseigneur, mordant ses mains et

précipitant ses pas, offrait à sa sœur un spectacle à la fois bizarre et touchant.

— Bonne Émilie ! murmurait-il en haussant les épaules avec des élans de compassion exaltée, honnête fille, car c'est une honnête fille, ma sœur : qui vous dit qu'elle ne souffre pas en ce moment pour la faute d'un autre ? qui vous fait croire qu'elle est coupable ?

— Mais, mon frère, elle l'avoue ! répliqua la princesse, qui commençait à se demander si cette prodigieuse charité chrétienne ne trahissait pas chez Monseigneur un affaiblissement de l'intelligence.

— Elle avoue parce que c'est une âme

noble, parce que c'est une martyre, un ange! s'écria le Dauphin en revenant tout à coup vers sa sœur stupéfaite. Elle avoue parce qu'elle veut sauver un secret, et que pour remplir ce devoir elle serait femme à sacrifier son honneur et sa vie. Voilà pourquoi elle avoue, ma sœur, c'est-à-dire pourquoi elle ment!

La princesse regarda le Dauphin, dont le visage empourpré témoignait d'une passion voisine de la folie. Il courut, oui, il courut à la porte du pavillon, en tira le verrou, et, saisissant la main de Marie-Anne, celle-là même que M. de Conti avait tant martyrisée :

— Ne la chassez pas, dit-il avec véhémence, c'est la plus loyale et la plus honnête des femmes. Gardez-la pour son honneur, pour notre repos. Faites-moi cette grâce, je vous en conjure, moi, votre frère et votre ami!

— Mais, Monseigneur, cette loyale, cette honnête femme a pourtant gardé toute la nuit chez elle M. de Clermont.

— Et si ce n'était pas Clermont? dit à voix basse le prince.

La princesse releva la tête.

— Si c'était, continua Monseigneur, quelqu'un qui impose, qui commande, qui force! si c'était un amant auquel rien n'oserait résister dans ce royaume : si c'était moi!

— Vous? bégaya la princesse en joignant les mains avec stupeur.

— Moi, qui l'aime, moi, qui, depuis deux ans, lui ai voué la plus tendre affection avec l'estime la plus entière; moi, qui, pendant ces deux années mortelles, n'ai réussi, ni par prières, ni par présents, ni par promesses ou menaces, à ébranler cette âme à la fois timide et généreuse, inaccessible à toute autre séduction que celles du cœur. Oui, ma sœur, c'est moi qui, pour entrer chez elle en trompant les espions, ai pris l'habit de Clermont, qui m'est dévoué et qui n'a rien à perdre; c'est moi, enfin, qui suis tout pour Émilie. Vous avez entre vos mains ma vie, ma consolation, mon bonheur !

Au saisissement causé par cette révélation se joignit chez la princesse une joie ineffable, immense. Clermont, qu'elle n'avait si brusquement haï que pour l'avoir trop secrètement aimé, ce digne ami n'était pas coupable ; il était bien libre, de ce côté du moins !... Marie-Anue embrassa son frère avec une sorte d'ivresse.

Tout à coup la mémoire lui revint. La dernière parole du roi retentit à son oreille : elle ponssa un cri de désespoir.

— Courez à Versailles, courez, mon frère, dit-elle au Dauphin, sauvez Clermont, s'il en est temps encore, sauvez Émilie!

— Qui donc les menace?

— Le roi ordonne qu'ils se marient.

— Émilie... Clermont?...

— Sous trois jours.

— Je l'en défie! s'écria le Dauphin avec une expression d'audace qui frappa la princesse, habituée à sa soumission proverbiale. D'ailleurs, Clermont est mon serviteur, je lui dirai de refuser, il refusera.

— Alors il est perdu, on l'emprisonne!

— Soit! Clermont souffrira encore

cela pour moi : nous règlerons plus tard.

— Mais je ne veux pas qu'on sacrifie Clermont! s'écria la princesse à son tour et d'un ton chaleureux, et avec un flamboyant regard, qui frappèrent Monseigneur comme son exaltation, à lui, avait frappé la princesse.

— Ah! murmura-t-il surpris.

— Vous comprenez, Louis, dit Marie-Anne, rouge et caressante, que ce serait une injustice. Vous êtes une âme si noble que vous ne consentiriez pas à la ruine de ce malheureux, ruine infaillible, si nous avons l'air de l'abandonner.

M. du Maine, la Maintenon, M. le duc de Bourbon, le duc de Lorraine, excitent le roi contre lui. Il n'a que nous, et nous lui manquerions après tant de services, après dix années d'abnégation et de dévouement... Non, monseigneur, non, jamais vous ne me conseillerez de trahir ce brave serviteur pour un caprice sans doute éphémère.

— Et moi, répliqua le Dauphin grave et frissonnant, abandonnerai-je mon amie, la seule qui me fasse supporter une vie intolérable, la seule qui m'aime parce que je suis Louis, et non parce que je serai roi? Quoi! dans cette cour, dans cet enfer, chacun dispose au gré de ses plaisirs ou de ses ambitions, chacun commande, chacun existe ; l'un a les finances, l'autre les armées, un autre l'Église, un autre la popularité, l'amour, tous, ma sœur, tous ont quelque chose qui les soutient et les anime ; vous-même, hèlas ! qui me regardez ! et moi, moi le dernier de ce royaume, moi ! qui ne demande rien, qui ne désire rien, qui n'attends rien même, et n'aspire qu'à conserver mon repos et la propriété d'un pauvre cœur ignoré qui bat pour moi, je devrais encore faire ce sacrifice ? vous me conseilleriez de jeter au vent mon amour, au vent ma joie ? Ah ! le Dauphin de France est bien peu, sans doute, mais enfin c'est au moins un gentilhomme qui, laissant à tous ce qu'ils ont, ne veut pas qu'on lui prenne ce qu'il a. Que le roi garde ses secrets, sa toute-puissance et sa couronne, c'est à lui. Toutes les soumissions, toutes les bassesses, qu'il les réclame de moi : orgueil, rang, espérances, gloire, je sacrifierai tout; je sacrifierai ma maîtresse, mais ma femme! non!... Je veux bien la cacher, mais je la garde!

— Votre... femme! mon frère, murmura en pâlissant la princesse. Mademoiselle Émilie de Choin...

— Est ma femme! il y a huit jours que je l'ai épousée ici, à ma chapelle, comme le roi a épousé madame de Maintenon.

Madame de Conti baissa la tête, écrasée par ce coup de foudre.

— Voilà pourquoi, reprit le Dauphin avec noblesse, je me suis hasardé tout à l'heure à vous prier de la garder chez vous. Cette demande, je ne me fusse pas permis de la faire pour une maîtresse. Rien de plus chaste et de plus saint que notre amour. En l'abritant sous votre toit, je vous confiais mon honneur et mon bonheur tout ensemble, mais le danger est grand ; il peut vous effrayer : à Dieu ne plaise que je vous compromette. Je ne puis offrir d'asile à mademoiselle de Choin. Ce serait me trahir et la perdre. Elle se retirera dans un couvent. Oubliez donc ce que je viens de dire. Je ne vous ai confié qu'un secret. C'est un dépôt qui ne saurait vous nuire, et qui, placé chez vous, ne risque rien.

La princesse ne put entendre froidement ces paroles, ou plutôt ce délicat appel à sa générosité. Elle s'approcha du Dauphin avec compassion et avec respect.

— Monseigneur, dit-elle, vous êtes mon frère, et vous serez mon roi. Je vous ai tendrement aimé pour les bontés dont vous m'avez comblée, pour l'estime que vous avez toujours témoignée à ma mère. Je vous aime aujourd'hui plus que jamais, et je n'oublierai de ma vie la faveur que vous me faites d'une confiance dont vous n'êtes pas prodigue. Elle est bien placée, croyez-le, Monseigneur. Mademoiselle de Choin restera chez moi comme mon amie, comme ma sœur. J'aurai pour elle tous les égards qu'elle mérite et que je vous dois! Hier, j'eusse donné ma vie pour vous, désormais je la donnerai pour vous deux. Est-ce ainsi que vous me voulez, réclamez-vous encore plus de votre servante? Parlez.

Le Dauphin allait et revenait sur lui-même, étouffant, brisé par les efforts qu'il faisait pour garder sa dignité au sein de la plus poignante émotion qu'il eût ressentie de sa vie. Mais l'aspect de cette adorable figure, mais ces yeux brillants d'amour et de loyauté, mais l'image récréatrice de cette Providence divine, l'amitié, lui arrachèrent un élan et un sanglot de joie. Il ouvrit les bras à sa sœur, ils échangèrent un long baiser, un serment scellé de leurs larmes.

— Allons, dit madame de Conti la première, voilà qui est bien, je veille sur Émilie, veillez sur Clermont.

— Soyez tranquille : vous ne le haïssez plus autant que tout à l'heure, ce me semble, chère Marie-Anne? dit le prince en souriant.

— Non! Louis, plus autant, répliqua-t-elle avec un sourire pareil.

Ils se serrèrent la main. Le Dauphin rouvrit la porte, elle partit. Lui se recoucha sur son canapé et étendit sa main enfiévrée, sous laquelle vint s'allonger le museau frais du chien Pyrame.

FIN DU PREMIER VOLUME.

Melun. — Imprimerie de DESRUES et Cie.

NOUVEAUTÉS EN LECTURE

DANS TOUS LES CABINETS LITTÉRAIRES

Monsieur Cherami, roman entièrement inédit, par Ch. PAUL DE KOCK. 5 vol. in-8.
L'Envers et l'Endroit, épisode de la fin du règne de Louis XIV, roman historique, par AUGUSTE MAQUET. 4 vol. in-8.
Les Drames de Paris, par le vicomte PONSON DU TERRAIL. 8 vol. in-8.
Le Prix du sang, par A. de GONDRECOURT. 5 vol. in-8.
Nena-Sahib, ou l'insurrection des Indes, roman historique, par Clémence ROBERT. 3 vol. in-8.
La Reine de Paris, par Théodore ANNE. 3 vol. in-8.
Un ami de ma femme, par Maximilien PERRIN. 3 vol. in 8.
Monsieur trois étoiles, par mad. la comtesse DASH. 3 vol. in-8.
Le Bossu, aventures de cape et d'épée, par Paul FÉVAL. 5 vol. in-8.
La Bête du Gévaudan, par Élie BERTHET. 5 vol. in-8.
Les Ruines de Paris, par Charles MONSELET. 4 vol. in-8.
Le Chevalier de Dieu, par Paul DU PLESSIS et Albert LONGIN. 5 vol. in-8.
Les Spadassins de l'Opéra, par le vicomte PONSON DU TERRAIL. 6 vol. in-8.
La Belle Créole, par Henry de KOCK. 4 vol. in-8.
Le Filleul d'Amadis, par Eugène SCRIBE. 3 vol. in-8.
La Comtesse Maximi, par A. de GONDRECOURT. 5 vol. in-8.
Le Marquis de Lupiano, par Charles RABOU. 5 vol. in-8.
La Louve, par PAUL FÉVAL. 6 vol. in-8.
Les Folies d'un grand Seigneur, par CH. MONSELET. 4 v. in-8.
La Vieille Fille, par A. de GONDRECOURT. 4 vol. in-8.
Le Masque d'Acier, par Théodore ANNE. 4 vol. in-8.
Le Juif de Gand, par Constant GUÉROULT, auteur de *Roquevert l'Arquebusier*. 4 vol. in-8.
La Princesse Russe, par Emmanuel GONZALÈS. 2 vol. in-8.
La Fille Sanglante, par Charles RABOU. 4 vol. in-8.
La Belle Provençale, par le vicomte PONSON DU TERRAIL. 6 v. in-8.
Dettes de Cœur, par Auguste MAQUET. 2 vol. in-8.
Le Tigre de Tanger, par Paul DUPLESSIS, auteur des *Boucaniers*, *Montbars l'Exterminateur*, *le Beau Laurent*, et Albert Longin. 5 vol. in-8.
Le Médecin des Voleurs, par Henry de KOCK. 4 vol. in-8.
La Cape et l'Épée, par le vicomte PONSON DU TERRAIL. 5 vol. in-8.
L'Homme de Minuit, par Etienne ENAULT et Louis JUDICIS. 4 v. in-8.
La Tour Saint-Jacques, par Clémence ROBERT. 4 vol. in-8.
Les Frères de la Mort, par Charles RABOU. 5 vol. in-8.
La Mignonne du Roi, par EMMANUEL GONZALÈS. 3 vol. in-8.
M. Choublanc à la recherche de sa Femme, par Ch. PAUL DE KOCK. 3 vol. in-8.
L'Homme de Fer, par Paul FÉVAL. 5 vol. in-8.
Les Chevaliers errants, par O. FÉRÉ et D.A.D. ST-YVES. 4 vol. in-8.

Pour la suite des Nouveautés, demander le Catalogue général qui se distribue gratis.

Imprimerie de P.-A. BOURDIER et Cie, 30, rue Mazarine.